会计基础工作规范

详解与实务

条文解读 + 实务应用 + 案例详解

（第 3 版）

平准　编著

人民邮电出版社

北京

图书在版编目（CIP）数据

会计基础工作规范详解与实务 ：条文解读+实务应用+
案例详解 / 平准编著. -- 3版. -- 北京 ：人民邮电出
版社, 2023.12
ISBN 978-7-115-62727-8

Ⅰ. ①会… Ⅱ. ①平… Ⅲ. ①会计－基本知识 Ⅳ.
①F23

中国国家版本馆CIP数据核字(2023)第193872号

内 容 提 要

为了帮助广大会计从业人员准确处理企业会计核算业务，我们编写了这本书。本书对会计基础
工作进行了详细介绍和解读，便于读者了解会计基础工作，掌握具体的工作要求。本书案例丰富，
贴近实务，通俗易懂。

本书不仅适用于广大会计初学者，而且对会计从业者提升自身的业务水平、实现自我价值，也有
一定的帮助。

- ◆ 编 著 平 准
  责任编辑 李士振
  责任印制 周昇亮
- ◆ 人民邮电出版社出版发行   北京市丰台区成寿寺路 11 号
  邮编 100164   电子邮件 315@ptpress.com.cn
  网址 https://www.ptpress.com.cn
  北京虎彩文化传播有限公司印刷
- ◆ 开本：700×1000 1/16
  印张：14.25   2023 年 12 月第 3 版
  字数：268 千字   2025 年 11 月北京第 8 次印刷

定价：69.80 元

读者服务热线： (010)81055296   印装质量热线： (010)81055316
反盗版热线： (010)81055315

会计基础工作是对会计核算与会计管理服务等基础性工作的统称。它是会计工作的基本环节，也是经济管理工作的重要基础，决定了会计工作的质量和效率。为了帮助广大读者更加明确会计职业规范，更准确地掌握企业会计核算业务过程中的基础工作，提高企业会计人员提供的会计信息的质量，我们编写了本书，以期能帮助广大会计从业人员尽快熟悉会计岗位的基础性工作，为高效工作打下扎实的基础。

本书写作目的

会计基础工作的内容主要包括：

第一，会计凭证的格式设计、取得或填制、审核以及保管；

第二，会计账簿的设置、格式设计、登记以及核对；

第三，会计报表的设置、格式设计以及编制；

第四，会计档案的归档、保管、移交以及销毁；

第五，会计电算化的数据管理；

第六，会计机构的人员岗位设置，会计人员岗位责任制的建立和职责分工等；

第七，会计人员职业道德制度的建立和执行。

会计基础工作看似比较细碎，却直接影响着会计职能的发挥，最终决定着会计工作的效率与质量。为了帮助会计工作者严格依据《会计基础工作规范》，做好会计基础工作，编好每一张凭证、填好每一张报表、管好每一份会计档案，我们特意精心编写了本书，旨在提高企业的会计基础工作水平，推动企业的健康发展。

本书主要特色

1. 针对性强，规范实用。本书严格依据《中华人民共和国会计法》和《会计基础工作规范》编写而成，在对其进行深入分析的基础上，详细地介绍会计基础工作的内容和具体事务操作。

2. 内容全面，贴近实务。本书在讲解会计基础工作的同时，也把会计实务中的相关内容融合进来，从而加深会计从业人员对会计基础工作的理解。

3. 案例翔实，讲解细致。会计基础工作是一项实操性非常强的工作，为了帮助大家更好地掌握实操细节，本书提供了大量实操案例，并给予深入的讲解，让读者有身临其境的学习效果。

本书适合的读者

本书体系完整，内容全面，并与新的会计、税收法规保持同步。通过阅读、查询本书，不同需求的读者会有不同的收获。

- **初入职场的会计新人**：掌握会计基础工作的基本流程和具体要求。
- **企业会计管理人员**：了解会计基础工作需要把握的关键要点。
- **大中专院校的会计专业学生**：了解会计基础工作的基本知识。

在编写本书的过程中，我们参考了相关的教材和其他资料以及相关专家的观点，并加以借鉴，在此谨向他们致以诚挚的谢意！

由于编者水平有限，书中难免存在疏漏之处，恳请广大读者批评指正。

目录
CONTENTS

第**1**章
会计基础工作概述

1.1　加强会计基础工作的必要性

1.1.1　会计基础工作的内涵

会计基础工作主要是对会计核算与会计管理服务的基础性工作的统称。其主要内容如图 1-1 所示。

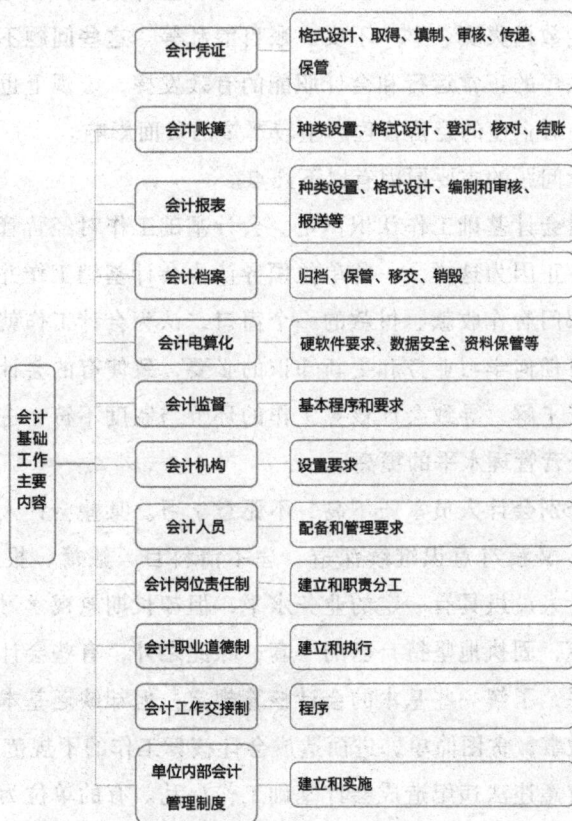

| 会计凭证 | 格式设计、取得、填制、审核、传递、保管 |

（会计基础工作主要内容）
- 会计凭证 — 格式设计、取得、填制、审核、传递、保管
- 会计账簿 — 种类设置、格式设计、登记、核对、结账
- 会计报表 — 种类设置、格式设计、编制和审核、报送等
- 会计档案 — 归档、保管、移交、销毁
- 会计电算化 — 硬软件要求、数据安全、资料保管等
- 会计监督 — 基本程序和要求
- 会计机构 — 设置要求
- 会计人员 — 配备和管理要求
- 会计岗位责任制 — 建立和职责分工
- 会计职业道德制 — 建立和执行
- 会计工作交接制 — 程序
- 单位内部会计管理制度 — 建立和实施

图 1-1　会计基础工作主要内容

会计基础工作的概念及其范围不是固定不变的，它随着会计职能的扩展而不断发展，必须结合单位内部管理的需求和会计管理职能的发展来理解和界定会计基础工作的内涵和外延，从而不断提高会计基础工作管理水平。

1.1.2　会计基础工作现存的主要问题

会计基础工作是会计工作的基本环节，也是经济管理工作的重要基础。近年来，我国十分重视会计基础工作，制定了一系列规章制度以规范会计基础工作；同时，通过加强在职会计人员培训等措施，不断提升广大会计人员的基本业务技能，促进会计基础工作的改善。但是，会计基础工作还存在许多薄弱环节，主要表现在以下几个方面。

一些单位会计人员数量不足、素质不高，造成记账随意、手续不清、差错明显、会计资料丢失等问题；有些单位为了掩盖真实的财务状况和经营成果，任意伪造、编造虚假的会计凭证、会计账簿和会计报表；除此之外，内部管理的松散也会使数据失真、财产不实、账目混乱等。这些问题不仅在微观上影响了会计工作秩序的正常运行和会计职能的有效发挥，宏观上也干扰了整个社会的经济秩序，对企业的经营管理产生较严重的负面影响。

存在以上问题的主要原因有以下几点。

首先，对会计基础工作认识不足。会计基础工作对经营管理工作的影响往往是间接的。正因为这样，一些单位领导认为会计基础工作并不是工作重点，只是将会计部门看作收款、付款的一个窗口，认为会计工作就是收款和付款，会计人员没有任何学习业务和更新知识的必要，致使有的会计人员对会计核算基础工作缺乏了解，导致会计核算工作的环节与制度不符，进而制约整个会计工作水平和经营管理水平的提高。

其次，个别会计人员素质不高，不愿意学习。某些会计人员文化水平、学历层次较低，又没有意识继续深造，理不清科目、账簿、报表之间的勾稽关系；某些会计人员虽具有一定的业务水平，但却长期忽视学习新的业务知识和新的法律规范，固执地坚持自己的一套；除此之外，有些会计人员尽管具备一定的业务水平，了解一些基本的会计核算规定，但却缺乏基本的职业道德，不按相关规则做事，贪图简单，进而造成会计核算工作的不规范。

再次，故意违法违纪造成会计基础工作混乱。有的单位为了掩盖真实的财务状况和经营成果，达到偷逃税收、转移资产、私设"小金库"等非法目的，有意不按照国家统一会计制度的规定记账。

最后，主管部门的监督检查力度不够。某些基层单位的上级主管部门没有担负起监督、检查的责任，这些单位的会计工作事实上长期处于无人监督的状态。会计基础工作是否规范，会计核算工作是否符合要求，财会制度是否健全等，这些都无专人过问，缺乏对基层单位的会计基础工作的全面检查。

由此可以看出，许多单位的会计基础工作存在许多薄弱的环节。为了提高会计工作水平，规范会计工作秩序，改善经营管理，加强宏观调控和维护市场经济秩序，加强会计基础工作规范势在必行。

1.2　会计基础工作的法律法规

我国财政部门对会计基础工作很重视，曾颁布了多部法规对各个企业、事业单位的会计基础工作进行严格全面的规范。当前对会计基础工作进行规范的法律法规主要包括《中华人民共和国会计法》和《会计基础工作规范》等。

1.2.1　《中华人民共和国会计法》简介

会计法，是以处理会计事务的各种经济关系为调整对象的法律规范的总称。会计事务是国家对各种社会组织的经济活动和财务收支进行分析、检查的经济管理活动。

《中华人民共和国会计法》（以下简称《会计法》）共 7 章 52 条，依次是第 1 章总则；第 2 章会计核算；第 3 章公司、企业会计核算的特别规定；第 4 章会计监督；第 5 章会计机构和会计人员；第 6 章法律责任；第 7 章附则。

《会计法》所规范的内容主要包括以下几个方面。

1. 明确规定了本单位会计行为的责任主体

《会计法》第 4 条规定，"单位负责人对本单位的会计工作和会计资料的真实性、完整性负责"；第 21 条规定，"财务会计报告应当由单位负责人和主管会计工作的负责人、会计机构负责人（会计主管人员）签名并盖章""单位负责人应当保证财务会计报告真实、完整"。

这样就确立了单位负责人为本单位会计行为的责任主体。也就是说，如果某单位会计信息失真，出具虚假的财务会计报告，首先就应当追究单位负责人的责任，其次才是会计人员的责任。

2. 具体规定了会计核算的规则

《会计法》对基本记账规则做了较详细的规定，主要包括：①对会计核算的总要求；②会计年度和记账本位币；③对会计凭证的要求；④对设置、登记会计账簿的要求；⑤对会计处理方法的要求；⑥对编制财务会计报告的要求；⑦对会计记录文字的要求；⑧对会计资料保管的要求。

3. 确立了单位内部监督、社会监督和国家监督"三位一体"的会计监督体系

《会计法》对单位内部监督、以注册会计师为主体的社会监督，以及国家监督进行了如下具体的规定。

（1）要建立单位内部会计监督制度，即内部控制制度。对于建立内部控制制度，《会计法》第 27 条提出了 4 点要求，单位要进一步研究如何把它具体化，制定出具有可操作性的具体的内部控制制度。

（2）重申了注册会计师的社会监督作用。《会计法》规定，有关法律、行政法规要求须经注册会计师进行审计的单位，应当向受委托的会计师事务所如实提供会计资料及有关情况。

（3）国家监督主要是指财政、审计、税务、人民银行、证券监管、保险监管等部门的监督。财政部门是对各单位的会计工作进行监督的主管部门，要对各单位实施如下的监督：①是否依法设置会计账簿；②各项会计资料的真实性、完整性；③会计核算的合法性；④会计人员是否具备从业资格。

4. 有关会计人员的管理规定

《会计法》对会计从业人员的资格、培训等问题也进行了详细的规定，具体内容如下。

（1）对会计人员的地位和责任做了实事求是的安排。《会计法》解释了会计人员既是单位的会计员，要给单位进行会计核算，又是国家的监督员，要代表国家进行会计监督的双重身份，避免会计人员处于两难的境地。

（2）不再实行会计从业资格管理制度。《会计法》第 38 条规定："会计人员应当具备从事会计工作所需要的专业能力。担任单位会计机构负责人（会计主管人员）的，应当具备会计师以上专业技术职务资格或者从事会计工作三年以上经历。"

上述规定不再要求会计人员必须取得会计从业资格证书。

（3）对会计人员的职业道德、业务素质及教育培训提出了要求。这包括两方面的含义，即会计人员要提高道德修养和业务素质，要加强对会计人员的教育和培训。

5. 对会计违法行为的惩治

在《会计法》的法律责任部分，明确列举了多种会计违法行为，主要包括：会计核算中的 10 种违法行为；伪造、变造会计凭证、会计账簿，编制虚假财务会计报告；隐匿或者故意销毁依法应当保存的会计凭证、会计账簿、财务会计报告。

对于违法行为的惩戒手段，主要有罚款，降级、撤职、开除的行政处分，不得从事会计工作；构成犯罪的，依法追究刑事责任。

1.2.2　《会计基础工作规范》简介

为了加强会计基础工作，建立规范的会计工作秩序，提高会计工作水平，财政部根据《会计法》的有关规定，制定了《会计基础工作规范》。

1.《会计基础工作规范》的主要内容

现行的《会计基础工作规范》是 2019 年 3 月 14 日修订发布的，共分为 6 章 100 条，主要内容如下。

第 1 章总则，提出了《会计基础工作规范》的制定依据、适用范围及管理部门。

第 2 章会计机构和会计人员，规定了会计机构设置和会计人员配备，会计人员职业道德，会计工作交接等问题。

第 3 章会计核算，规定了会计核算的一般要求，原始凭证和记账凭证的填制、审核要求，会计账簿的登记要求及财务报告的编制要求。

第 4 章会计监督，规定了企业内部会计监督的主体、依据及监督方法。

第 5 章内部会计管理制度，规定了单位应建立内部会计管理制度、内部会计管理体系，以及内部会计管理的原则与方法。

第 6 章附则，主要对《会计基础工作规范》中的具体概念及称谓进行了具体的解释。

2.《会计基础工作规范》的适用范围

贯彻实施《会计基础工作规范》，必须首先明确《会计基础工作规范》的实施范围。《会计基础工作规范》第2条规定："国家机关、社会团体、企业、事业单位、个体工商户和其他组织的会计基础工作，应当符合本规范的规定。"这是对《会计基础工作规范》适用范围的规定，与《会计法》的适用范围相一致。

3. 会计基础工作的管理

贯彻实施《会计基础工作规范》，很重要的一条就是要明确会计基础工作的管理职责和管理要求。因为会计基础工作既是各单位会计工作和经营管理工作的基本内容，也是政府部门管理会计工作的一个重要方面。因此，《会计基础工作规范》第4条和第5条对会计基础工作的领导责任和管理部门分别做了明确规定，基本要求如下。

（1）各单位领导人对本单位的会计基础工作负有领导责任。也就是说，一个单位的会计基础工作不健全或者出现混乱，首先应当追究单位领导人的责任。

（2）各省、自治区、直辖市财政厅（局）和国务院业务主管部门对基层单位的会计基础工作负有管理和指导的责任。会计基础工作是否扎实有序，直接影响会计工作水平和会计信息质量，因此，会计基础工作既是各单位的一项内部管理行为，也是一项政府管理行为，省级财政部门和国务院各业务主管部门应当切实履行管理和指导的职责，引导本地区、本部门所属单位的会计基础工作逐步向规范化方向发展。

1.2.3 做好会计基础工作的基本要求

会计基础工作是一项长期的、需要时时认真的工作。同时，会计基础工作建设必须与改善经营管理、建立现代企业制度等结合起来，积极采取措施强化会计基础工作，使会计工作逐步规范化，使会计工作在单位经营管理中发挥越来越大的作用。加强会计基础工作，必须做好以下几方面的工作。

1. 设立会计机构，配备合格的会计工作人员

在会计机构和会计人员方面，关键是做好机构、人员、制度3个方面的工作。首先，要按照国家的法规及单位业务开展的需要设立会计部门；其次，要配备合格、足额的会计人员；最后，要建立合理的管理制度。

2. 工作人员业务能力的提升、职业道德品质的培养

工作人员业务水平的高低直接关系到会计工作的效率与工作质量。由于我国正处于发展阶段，各项财务法规正处于不断的变化之中，新生事物层出不穷，这就需要相关从业人员经常进行会计业务知识的学习，边学习边运用，在运用中提高，在提高中完善，从而适应工作的需要。

3. 一点一滴，从最基本的环节做好会计基础工作

会计凭证方面最能体现基础的会计行为。会计凭证的收集、编制、审核等环节常会出现一些问题，例如发票不规范、项目填写不齐全、原始凭证粘贴单内容不够齐全、出纳人员办理收付款后未在收付款的原始凭证上加盖"收讫""付讫""转讫"戳记等。这些问题日积月累，将会直接影响会计基础工作的整体质量，因此，必须重视会计基础工作的一点一滴，从最基本的环节做好会计基础工作。

4. 完整、科学地设置会计账簿

完整、科学地设置会计账簿，包括全年账簿正确启用、记录准确清晰、按规定结账，做到账证、账账、账表相符。

较易出现的账表不符现象，发生在"财务费用"科目的使用上，误将利息收入反映在"财务费用"科目贷方，结果导致财务费用总账累计数与利润表中的财务费用累计数不符。正确的操作方法是把利息收入以负数记入"财务费用"科目的借方。

5. 规范、正确地编制财务会计报告

财务会计报告是综合反映一个单位经济信息的重要文件，它的内容是否真实、完整关系到本单位一定时期的费用支出是否正确归集，同时也关系到对资金使用效果的评价。同时财务会计报告为企业自身管理决策提供可行依据，因此应认真对待。财务会计报告关键是要做到数字真实、计算准确、说明清楚、内容完整、种类齐全、格式正确、报送及时，能满足外部、内部信息需求者的要求。

6. 逐步、规范地推进会计电算化建设

会计电算化可以大大提高会计工作的效率，在一定程度上排除人为的干

扰，是发展的方向。知识经济、网络时代、信息社会要求会计工作必须紧跟形势发展，以满足社会经济发展的需要。为此，会计人员必须不断学习，努力更新知识，掌握多方面技能，充实完善自我，更好地发挥财务会计的管理作用。

7. 档案管理专人负责

档案记载着单位以往年度发生的经济行为，应将全部会计资料定期整理成册归档，妥善保管，由专人负责管理。

在实际工作中，常有会计资料未定期归档或资料不全等问题存在，使一些会计信息资源不能共享，影响相关部门的工作效率，这就反映出单位内部管理仍需加强。

总之，做好会计基础工作，是提高单位会计机构工作质量和工作效率的需要，是加强会计监督，促进会计核算工作的基石，每个单位的管理者、会计机构负责人、会计工作人员都要重视并做好会计基础工作。

第 2 章
会计机构和会计人员

2.1 会计机构的设置

2.1.1 设置会计机构的基本规定

会计机构是各单位办理会计事务的职能部门，会计人员是直接完成各项会计工作的人员。建立会计机构，配备具有一定职业道德、技术素质的会计人员，是做好会计工作、充分发挥会计职能的基础。但是不同的企业会计核算的任务大小不同，其所能承受的会计业务的行政成本也不相同，因此，我国的会计法规并没有"一刀切"地要求所有的企、事业单位都必须设立会计机构，而是因地制宜地按照企业的规模和核算的要求区分为 3 种情况进行规定的。

《会计法》第 36 条规定："各单位应当根据会计业务的需要，设置会计机构，或者在有关机构中设置会计人员并指定会计主管人员；不具备设置条件的，应当委托经批准设立从事会计代理记账业务的中介机构代理记账。国有的和国有资产占控股地位或者主导地位的大、中型企业必须设置总会计师。总会计师的任职资格、任免程序、职责权限由国务院规定。"

《会计基础工作规范》第 6 条规定："各单位应当根据会计业务的需要设置会计机构；不具备单独设置会计机构条件的，应当在有关机构中配备专职会计人员。""设置会计机构，应当配备会计机构负责人；在有关机构中配备专职会计人员，应当在专职会计人员中指定会计主管人员。"

通过以上的规定我们可以知道，企业应该根据自身业务规模的大小、会计核算工作量的多少分以下 3 种情况解决企业的会计核算问题：

（1）设立单独的会计机构，划分职责与岗位进行会计核算；

（2）不设立会计部门，在有关机构中设置会计人员，并指定会计主管人员；

（3）会计核算量较少，可以不设置专职的会计人员，委托具有合法资质的代理记账机构代理记账。

2.1.2　设置会计机构的基本要求

通过《会计法》第36条规定和《会计基础工作规范》第6条规定，我们可以知道，是否单独设置会计机构由各单位根据自身会计业务的需要自主决定。一般而言，一个单位是否单独设置会计机构，往往取决于以下因素。

（1）单位规模的大小。一个单位的规模，往往决定了这个单位内部职能部门的设置，也决定了会计机构的设置与否。一般来说，大中型企业和具有一定规模的行政事业单位，以及财务收支数额较大、会计业务较多的社会团体和其他经济组织，都应单独设置会计机构，如会计部、财务部、计划财务部等，以便及时组织本单位各项经济活动和财务收支的核算，实行有效的会计监督。

（2）经济业务和财务收支的繁简。有些企、事业单位尽管经济业务较少，但其业务的会计核算比较复杂，专业性很强，如金融行业，有必要单独设置会计机构，以保证会计工作的效率和会计信息的质量。

（3）国家法规的具体要求。对于有些行业的企业，国家的相关法规给出了明确的要求，例如，对于证券经纪行业，国家明确要求其必须设立独立的财务会计机构。

（4）经营管理的要求。有效的经营管理是以信息的及时、准确、全面系统为前提的。一个单位在经营管理上的要求越高，对会计信息的需求也就越多，对会计信息系统的要求也越高，从而决定了该单位设置会计机构的必要性。

2.1.3　不设置会计机构，只配备会计人员的要求

《会计基础工作规范》第6条规定："不具备单独设置会计机构条件的，应当在有关机构中配备专职会计人员。"这是《会计基础工作规范》对设置会计机构问题提出的又一原则性要求。对于不具备单独设置会计机构的单位，如财务收支数额不大，会计业务比较简单的企业、机关、团体、事业单位和个体工商户等，为了适应这些单位的内部客观需要和组织结构特点，《会计基础工作规范》允许其在有关机构中配备专职会计人员。有关机构一般应是单位内部与财务会计工作接近的机构，如计划、统计或经营管理部门，或者是有利于发

挥会计职能作用的内部综合部门，如办公室等。只配备专职会计人员的单位也必须具有健全的财务会计制度和严格的财务手续，其专职会计人员的专业职能不能被其他职能所替代。

2.1.4　实行代理记账的要求

《会计基础工作规范》第 8 条规定："没有设置会计机构或者配备会计人员的单位，应当根据《代理记账管理办法》的规定，委托会计师事务所或者持有代理记账许可证书的代理记账机构进行代理记账。"

此项规定的目的，是适应不具备设置会计机构、配备会计人员的小型经济组织解决其记账、算账、报账问题的要求。代理记账，是指由社会中介机构即会计咨询、服务机构代替独立核算单位办理记账、算账、报账业务。这是随着我国经济发展出现的一种新的社会性会计服务活动。

近年来，在我国经济飞速发展的同时，各单位的组织形式、经营规模都发生了很大变化，一些规模较小的企业、事业单位、个体工商户和其他经济组织大量出现，这就产生了现有会计人员的数量难以适应不断增长的各类经济组织进行会计核算要求的问题。一些经济组织很难找到业务素质相当的会计人员；而且，有些经营规模较小的经济组织配备一名会计和出纳，费用上也较难以承受。在这种情况下，代理记账业务应运而生。

为了肯定代理记账业务，《会计法》中明确规定对不具备设置会计机构条件的单位，可以委托经批准设立的会计咨询、服务机构进行代理记账，从而确立了代理记账业务的法律地位。

1. 从事代理记账业务的条件

《代理记账管理办法》第 4 条规定，申请代理记账资格的机构应当同时具备以下条件：

（1）为依法设立的企业；

（2）专职从业人员不少于 3 名；

（3）主管代理记账业务的负责人具有会计师以上专业技术职务资格或者从事会计工作不少于 3 年，且为专职从业人员；

（4）有健全的代理记账业务内部规范。

代理记账机构从业人员应当具有会计类专业基础知识和业务技能，能够独立处理基本会计业务，并由代理记账机构自主评价认定。

本条第一款所称专职从业人员是指仅在一个代理记账机构从事代理记账业务的人员。

《代理记账管理办法》第 3 条规定："除会计师事务所以外的机构从事代理记账业务，应当经县级以上地方人民政府财政部门（以下简称审批机关）批准，领取由财政部统一规定样式的代理记账许可证书。具体审批机关由省、自治区、直辖市、计划单列市人民政府财政部门确定。会计师事务所及其分所可以依法从事代理记账业务。"

2. 代理记账业务范围

《代理记账管理办法》第 11 条规定，代理记账机构可以接受委托办理下列业务：

（1）根据委托人提供的原始凭证和其他相关资料，按照国家统一的会计制度的规定进行会计核算，包括审核原始凭证、填制记账凭证、登记会计账簿、编制财务会计报告等；

（2）对外提供财务会计报告；

（3）向税务机关提供税务资料；

（4）委托人委托的其他会计业务。

3. 委托人的责任和义务

《代理记账管理办法》第 13 条规定，委托人应当履行下列义务：

（1）对本单位发生的经济业务事项，应当填制或者取得符合国家统一的会计制度规定的原始凭证；

（2）应当配备专人负责日常货币收支和保管；

（3）及时向代理记账机构提供真实、完整的原始凭证和其他相关资料；

（4）对于代理记账机构退回的，要求按照国家统一的会计制度的规定进行更正、补充的原始凭证，应当及时予以更正、补充。

《代理记账管理办法》第 14 条规定，代理记账机构及其从业人员应当履行下列义务：

（1）遵守有关法律、法规和国家统一的会计制度的规定，按照委托合同办理代理记账业务；

（2）对在执行业务中知悉的商业秘密予以保密；

（3）对委托人要求其做出不当的会计处理，提供不实的会计资料，以及其他不符合法律、法规和国家统一的会计制度行为的，予以拒绝；

（4）对委托人提出的有关会计处理相关问题予以解释。

4.代理记账的基本程序

首先，委托人与代理记账机构在相互协商的基础上签订书面委托合同。委托合同除应具备法律规定的基本条款外，应当明确以下内容：委托人、受托人对会计资料合法、真实、准确、完整应承担的责任；会计凭证传递程序和签收手续；编制和提供会计报表的要求；会计档案的保管要求；委托人、受托人终止委托合同应当办理的会计交接事宜等。

其次，代理记账机构根据委托合同约定，定期派人到委托人所在地办理会计核算业务；或者根据委托人送交的原始凭证在代理记账机构所在地办理会计核算业务。

最后，代理记账机构为委托人编制的会计报表，经代理记账机构负责人和委托人审阅并签章后，按照规定报送有关部门。

5.代理记账人员的从业规则

主要内容包括：遵守会计法律、法规和国家统一会计制度，依法履行职责；对在执行业务中知悉的商业秘密负有保密义务；对委托人示意其做出不当的会计处理，提供不实的会计资料，以及其他不符合法律、法规规定的要求，应当拒绝，对委托人提出的有关会计处理原则问题负有解释的责任。

2.2 会计机构人员的配备

2.2.1 总会计师

《会计法》第 36 条规定："国有的和国有资产占控股地位或者主导地位的大、中型企业必须设置总会计师。总会计师的任职资格、任免程序、职责权限由国务院规定。"

总会计师不是会计专业技术职务，同会计员、中级会计师、高级会计师不是一个系列的概念，它是企业中的一个管理岗位。通过《会计法》的规定，我们可以看出，对于总会计师的设置，法律仅限于国有或国有控股的大、中型企业，而在很多民营企业中，设置了财务总监或负责财务工作的副总经理这一职位。从职能上讲，财务总监、财务副总、总会计师这3个职位是基本相同的。

总会计师也不是会计机构的负责人或会计主管人员，因为对于经营规模较大的企业而言，财务会计工作往往由多个部门协作完成。例如有结算中心，负责货币资金的支付；有会计部，负责账务处理；有计划部，负责财务预算的制定、监督执行等。总会计师需要对以上多个部门进行管理与协调。

综上所述，对于总会计师的概念我们可以这样理解：总会计师是企业最高领导层中负责管理财务会计工作的行政管理人员。总会计师协助本单位主要行政领导人工作，直接对单位主要行政领导人负责。

1. 哪些单位需要设置总会计师

《会计法》第36条规定："国有的和国有资产占控股地位或者主导地位的大、中型企业必须设置总会计师。总会计师的任职资格、任免程序、职责权限由国务院规定。"

《会计基础工作规范》第9条规定："大、中型企业、事业单位、业务主管部门应当根据法律和国家有关规定设置总会计师。总会计师由具有会计师以上专业技术资格的人员担任。"

根据以上规定，需要设立总会计师的单位包括以下几类：

（1）国有的和国有资产占控股地位或者主导地位的大、中型企业（此类企业设置总会计师是强制性的）；

（2）事业单位；

（3）业务主管部门。如国家税务总局等单位，也设置了总会计师这一职位。

2. 总会计师具有什么地位

总会计师是单位行政领导成员，是单位财务会计工作的主要负责人，全面负责财务会计管理和经济核算，参与单位的重大经营决策活动，是单位主要行政领导人的参谋和助手。总会计师依法行使职权。根据规定，凡是设置总会计师的单位，不应当再设置与总会计师职责重叠的行政副职。

3. 总会计师需要什么任职资格

根据《总会计师条例》的规定，担任总会计师的人员应当具备下列条件：

（1）坚持社会主义方向，积极为社会主义建设和改革开放服务；

（2）坚持原则，廉洁奉公；

（3）取得会计师任职资格后，主管一个单位或者单位内一个重要方面的财务会计工作时间不少于 3 年；

（4）有较高的理论政策水平，熟悉国家财经法律、法规、方针、政策和制度，掌握现代化管理的有关知识；

（5）具备本行业的基本业务知识，熟悉行业情况，有较强的组织领导能力；

（6）身体健康，能胜任本职工作。

符合上述条件的，按规定程序可被任命为总会计师。企业的总会计师应由本单位主要行政领导人提名，政府主管部门任命或者聘任，免职或者解聘程序与任命或者聘任程序相同；事业单位和业务主管部门的总会计师任免按照干部管理权限进行。

4. 总会计师履行什么职责

根据《总会计师条例》的规定，总会计师的职责主要包括以下几个方面：

（1）编制和执行预算、财务收支计划、信贷计划，拟订资金筹措和使用方案，开辟财源，有效地使用资金；

（2）进行成本费用预测、计划、控制、核算、分析和考核，督促本单位有关部门降低消耗、节约费用、提高经济效益；

（3）建立、健全经济核算制度，利用财务会计资料进行经济活动分析；

（4）负责对本单位财务会计机构的设置和会计人员的配备、会计专业职务的设置和聘任提出方案，组织会计人员的业务培训和考核，支持会计人员依法行使职权；

（5）协助单位主要行政领导人对企业的生产经营、行政事业单位的业务发展以及基本建设投资等问题做出决策，参与重大经济合同和经济协议的研究、审查。

5. 总会计师拥有什么权限

根据《总会计师条例》的规定，总会计师的权限主要包括以下几个方面。

（1）对违反国家财经法律、法规、方针、政策、制度和有可能在经济上造成损失、浪费的行为，有权制止或者纠正；制止或者纠正无效时，提请单位主要行政领导人处理。

（2）有权组织本单位各职能部门、直属基层组织的经济核算、财务会计和成本管理方面的工作。

（3）主管审批财务收支工作。除一般的财务收支可以由总会计师授权的财会机构负责人或者其他指定人员审批外，重大的财务收支，须经总会计师审批或者由总会计师报单位主要行政领导人批准。

（4）签署预算、财务收支计划。成本和费用计划、信贷计划、财务专题报告、会计决算报表，涉及财务收支的重大业务计划、经济合同、经济协议等，在单位内部须经总会计师会签。

（5）会计人员的任用、晋升、调动、奖惩，应当事先征求总会计师的意见；财会机构负责人或者会计主管人员的人选，应当由总会计师对其进行业务考核，依照有关规定审批。

6. 任免总会计师

对于国有大、中型企业，《总会计师条例》第15条规定："企业的总会计师由本单位主要行政领导人提名，政府主管部门任命或者聘任；免职或者解聘程序与任命或者聘任程序相同。"

对于其他公司制企业的总会计师，应当按照有关法律的规定来任免（包括聘任或解聘），如《中华人民共和国公司法》第46条规定，董事会对股东会负责，并根据经理的提名决定聘任或者解聘公司财务负责人及其报酬事项。

对于事业单位和业务主管部门，《总会计师条例》第15条规定："事业单位和业务主管部门的总会计师依照干部管理权限任命或聘任；免职或者解聘程序与任命或者聘任程序相同。"

城乡集体所有制企业、事业单位任免（包括聘任或解聘）总会计师，可以参照《总会计师条例》的有关规定办理。

2.2.2　会计机构负责人与会计主管人员的配备要求

会计机构负责人或会计主管人员，是在一个单位内具体负责会计工作的中层领导人员。在单位负责人的领导下，会计机构负责人或会计主管人员负有组织、管理包括会计基础工作在内的所有会计工作的责任。

对于是否要设立会计机构负责人，或者指定会计主管人员，我国的会计管理法规有着明确的规定。

《会计基础工作规范》第 6 条规定："设置会计机构，应当配备会计机构负责人；在有关机构中配备专职会计人员，应当在专职会计人员中指定会计主管人员。"

2.2.3 会计机构负责人与会计主管人员的任职条件

要成为一名合格的会计机构负责人或会计主管人员，必须具备以下 4 个方面的素质：经得住金钱诱惑；过硬的专业技能；兢兢业业的工作态度；熟悉法律法规并坚持原则。

在实际工作中，一些单位对会计机构负责人或会计主管人员任用不当，表现在会计机构负责人或会计主管人员的政策水平、业务水平和组织能力不能适应工作要求，或者造成工作失误，给单位带来经济上的损失等。

鉴于会计机构负责人与会计主管人员的重要性，《会计基础工作规范》第 7 条对会计机构负责人与会计主管人员的任职条件做了比较具体的规定。

会计机构负责人、会计主管人员应当具备下列基本条件：

（1）坚持原则，廉洁奉公；

（2）具备会计师以上专业技术职务资格或者从事会计工作不少于 3 年；

（3）熟悉国家财经法律、法规、规章和方针、政策，掌握本行业业务管理的有关知识；

（4）有较强的组织能力；

（5）身体状况能够适应本职工作的要求。

以上规定的具体内容阐述如下。

第一，明确提出了政治素质的要求，即能坚持原则，做到廉洁奉公。财务会计工作直接处理经济业务，经济上的问题必然会在会计处理中反映出来。不能坚持原则，就不可能揭发已经出现的漏洞，就不会去纠正违反财经纪律和财务会计制度的行为；没有廉洁奉公的品质，还可能犯下通同作弊的错误甚至走上犯罪道路。

第二，专业技术资格条件。《会计基础工作规范》对会计机构负责人或会计主管人员的这一要求，是通过要求他们"具备会计师以上专业技术职务资格"或"从事会计工作不少于 3 年"来体现的。至于什么单位的会计机构负责人或者会计主管人员需要具有哪个档次的会计专业技术资格，如是要有高级会计师的任职资格，还是要有会计师的任职资格，或者是从事过 3 年及以上会计工作，《会计基础工作规范》没有再做进一步的规定。这主要是为了适应不同类型的单位对会计机构负责人或者会计主管人员专业技术资格的不同要求。

第三，政策业务水平。也就是熟悉国家的财经法律、法规、规章制度和方针、政策，掌握本行业业务管理的有关知识。我国的经济立法工作取得了巨大的成绩，任何单位的经济业务都要直接或间接地受到有关法律、规章的规范。从事财务会计管理工作不了解、不掌握相关知识，容易给单位的经营管理工作带来危险的后果。

第四，组织能力。组织能力是一种基本的领导能力。会计机构负责人或者会计主管人员应当具备一定的组织能力，包括协调能力、综合分析能力等，其对提高整个会计工作的效率和质量是十分关键的。

第五，身体条件。会计工作劳动强度大，作为会计机构负责人或者会计主管人员必须有较好的身体状况，以适应本职工作。

上述这些条件，是对会计机构负责人和会计主管人员素质的全面要求。各单位在配置会计机构负责人或会计主管人员时，应该坚持《会计基础工作规范》的这些标准，严格把关，只有这样，才有利于把本单位的财务会计工作做好，从而为做好本单位的整个经营管理工作起到积极的作用。

2.2.4　会计机构负责人与会计主管人员的任免程序

依法任免会计机构负责人或会计主管人员，是保证会计机构负责人或会计主管人员依法行使职权的必要措施。会计机构负责人或会计主管人员要发挥其会计核算和会计监督职能，在处理各种利益关系中具有重要地位。为会计机构负责人与会计主管人员提供相对稳定的工作条件，这样可使他们打消后顾之忧，尽心尽责地去做好本单位的会计工作，维护本单位的合法经济权益，也切实执行国家的财政、财务和会计法规、制度，并在需要的时候，敢于同违法乱纪的行为进行斗争。

《会计基础工作规范》第6条规定："会计机构负责人、会计主管人员的任免，应当符合《中华人民共和国会计法》和有关法律的规定。"

其他单位的会计机构负责人或会计主管人员的任免，应根据有关法律、法规的规定进行。

如《中华人民共和国公司法》（以下简称《公司法》）第49条规定，有限责任公司的经理有权"提请聘任或者解聘公司副经理、财务负责人"。

2.2.5　会计人员的任职要求

同从事任何技术工作的人员一样，从事会计工作的人员要在专业素质方面具备一定的条件。《会计法》和《会计基础工作规范》对会计人员的任职条件提出了 3 个要求，如图 2-1 所示。

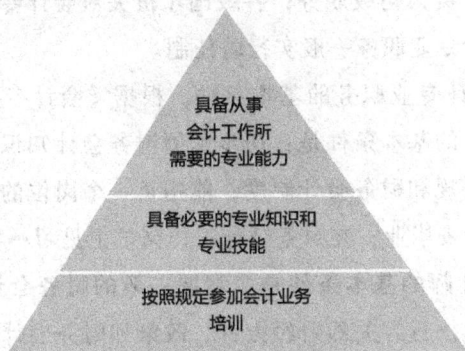

图 2-1　会计人员的任职要求

1. 具备从事会计工作所需要的专业能力

《会计法》第 38 条规定："会计人员应当具备从事会计工作所需要的专业能力。"

《会计基础工作规范》第 10 条规定："各单位应当根据会计业务需要配备会计人员，督促其遵守职业道德和国家统一的会计制度。"

通过以上的法规可见，对于会计人员的任职要求，强调的是实际的专业能力，而不是是否具有会计职业资格证书。

2. 具备必要的专业知识和专业技能

《会计基础工作规范》第 14 条规定："会计人员应当具备必要的专业知识和专业技能，熟悉国家有关法律、法规、规章和国家统一会计制度，遵守职业道德。"这是对会计人员最基本的要求。因为会计工作不但专业技术性很强，而且政策性、法制性也很强，所以会计人员需要一定的职业道德。我国的社会主义市场经济，是一种规范的法治经济，各个单位都应在法律的范围内活动。在这个前提下，一个单位的效率、效益怎样，在很大程度上取决于这个单位的主观努力，也就是包括会计机构和会计人员在内的单位内各个部门和人员的努力以及在单位领导的统筹下形成的合力。显然，对会计人员提出的这些基本要求是十分必要的。至于如何考核和确认会计人员的专业知识和业务技能，从目前来说，主要通过设置会计专业职务和会计技术资格考试来进行。

（1）会计专业职务种类。会计专业职务是区分会计人员从事业务工作的技术等级。《会计专业职务试行条例》规定：会计专业职务分为高级会计师、会计师、助理会计师、会计员；高级会计师为高级职务，会计师为中级职务，助理会计师和会计员为初级职务；各级国家机关对会计专业职务实行任命制，各事业单位对会计专业职务一般实行聘任制。

（2）担任会计专业职务的基本条件。根据《会计专业职务试行条例》的规定，担任会计员的基本条件是：初步掌握财务会计知识和技能；熟悉并能按照执行有关会计法规和财务会计制度；能担负一个岗位的财务会计工作；大学专科或中等专业学校毕业，在财务会计工作岗位上见习一年期满。

担任助理会计师的基本条件是：掌握一般的财务会计基础理论和专业知识；熟悉并能正确执行有关的财经方针、政策和财务会计法规、制度；能担负一个方面或某个重要岗位的财务会计工作；取得硕士学位，或取得第二学士学位或研究生班结业证书，具备履行助理会计师职责的能力，或者大学本科毕业后在财务会计工作岗位上见习一年期满，或者大学专科毕业并担任会计员职务两年以上，或者中等专业学校毕业并担任会计员职务四年以上。

担任会计师的基本条件是：较系统地掌握财务会计基础理论和专业知识；掌握并能正确贯彻执行有关的财经方针、政策和财务会计法规、制度；具有一定的财务会计工作经验，能担负一个单位或管理一个地区、一个部门、一个系统某个方面的财务会计工作；取得博士学位，并具有履行会计师职责的能力，或者取得硕士学位并担任助理会计师职务两年左右，或者取得第二学士学位或研究生班结业证书并担任助理会计师职务二至三年，或者大学本科或专科毕业并担任助理会计师职务四年以上。

担任高级会计师的基本条件是：较系统地掌握经济、财务会计理论和专业知识；具有较高的政策水平和丰富的财务会计工作经验，能担负一个地区、一个部门或一个系统的财务会计管理工作；取得博士学位并担任会计师职务二至三年，或者取得硕士学位、第二学士学位或研究生班结业证书并担任会计师职务五年以上，或者大学本科毕业并担任会计师职务五年以上。

（3）会计专业职务的基本职责。根据《会计专业职务试行条例》的规定，会计员的基本职责是：负责具体审核和办理财务收支，编制记账凭证，登记会计账簿，编制会计报表和办理其他会计事务。

助理会计师的基本职责是：负责草拟一般的财务会计制度、规定、办法，解释、解答财务会计法规、制度中的一般规定，分析检查某一方面或某些项目的财务收支和预算的执行情况。

会计师的基本职责是：负责草拟比较重要的财务会计制度、规定、办法，解释、解答财务会计法规、制度中的重要问题，分析检查财务收支和预算执行情况，培养初级会计人才。

高级会计师的基本职责是：负责草拟和解释，解答一个地区、一个部门、一个系统或在全国施行的财务会计法规、制度、办法，组织和指导一个地区或一个部门、一个系统的经济核算和财务会计工作，培养中级以上会计人才。

3. 按照规定参加会计业务培训

《会计基础工作规范》第14条规定："会计人员应当按照国家有关规定参加会计业务的培训。"这是因为，受我国会计学历教育规模的限制，目前会计人员中具备规定学历的人员比例还不高，要使会计人员具备必要的综合素质，对他们进行在职培训是重要途径之一。此外，即使是具备了规定学历的人员，也还有知识需要更新的问题，有适应法律的、经济的或者是技术上的新的要求的问题，这主要通过在职培训来解决。

单位有义务支持会计人员的业务培训，《会计基础工作规范》第14条对此做了进一步有针对性的规定："各单位应当合理安排会计人员的培训，保证会计人员每年有一定时间用于学习和参加培训。"这一规定保证了会计人员能够不断地提高业务技能和进行知识的更新。

2.3　会计工作岗位的设置

一个单位的会计人员的配备，既有数量问题，也有质量问题。就数量问题而言，一个单位到底配备多少会计人员为宜，是一个需要因行业、因单位而做出具体回答的问题。因为会计人员的配备数量，同单位的大小、业务的多少、资产的规模、经营管理的要求、核算的组织形式以及核算手段等，都有密切的关系，这具体体现在会计工作岗位的设置上。

2.3.1 设置会计工作岗位的意义

会计工作岗位，是对一个单位的会计工作进行具体分工而设置的各个职能岗位。在会计机构内部设置会计工作岗位，有利于明确分工和合理划分各个岗位的职责；建立岗位责任制有利于会计人员精通会计业务，提高工作效率和质量；有利于加强会计工作的程序化和规范化，加强会计基础工作；还有利于强化会计管理职能，提高会计工作质量；同时，也是合理配备会计人员的客观依据之一。

2.3.2 设置会计工作岗位的原则

《会计基础工作规范》对会计工作岗位的设置规定了基本原则，提出了示范性的要求。

1. 根据本单位会计业务的需要

《会计基础工作规范》第 11 条规定："各单位应当根据会计业务需要设置会计工作岗位。"这个规定同《会计基础工作规范》第 6 条要求"根据会计业务的需要设置会计机构"是本着同一个原则的。正如在前面对按照这一规定设置会计机构所做的分析，由于各单位所属行业的性质、自身的规模、业务内容和数量以及会计核算与管理的要求等不同，会计工作岗位的设置条件和要求也不相同。在设置会计工作岗位时，必须结合单位的实际情况，有的分设、有的合并、有的不设，以满足会计业务需要为原则。

2. 符合内部牵制制度的要求

《会计基础工作规范》第 12 条规定："会计工作岗位，可以一人一岗、一人多岗或者一岗多人。但出纳人员不得兼管稽核、会计档案保管和收入、费用、债权债务账目的登记工作。"从近几年税收财务物价大检查、审计和会计工作秩序整顿中暴露出来的问题看，不少单位在会计工作岗位设置上存在岗位职责不清、人浮于事、手续混乱等问题；在一些小型经济组织中，会计、出纳一人兼任，或者出纳与财物保管一人兼任，为徇私舞弊和贪污挪用等违法乱纪行为留下了可乘之机，隐患极大，造成损失的也不在少数，值得各单位重视和引以为戒。

3. 有利于会计人员全面熟悉业务，不断提高业务素质

《会计基础工作规范》第 13 条规定："会计人员的工作岗位应当有计划地进行轮换。"把轮岗列入会计工作岗位设置的原则是《会计基础工作规范》的一个创新，这样做不仅可以激励会计人员不断进取、改进工作，而且也在一定程度上有助于防止违法乱纪，保护会计人员。

4. 有利于建立岗位责任制

《会计基础工作规范》第 11 条还示范性地提出了会计工作岗位的设置方案，即"会计机构负责人或者会计主管人员，出纳，财产物资核算，工资核算，成本费用核算，财务成果核算，资金核算，往来结算，总账报表，稽核，档案管理等"。这种设置方法，基本上包括了会计业务的主要内容和主要方面，为建立岗位责任制提供了比较完整的基础，是单位在具体制定会计工作岗位设置方案时比较理想的参考方案。

2.3.3　怎样设置会计工作岗位

会计人员的工作岗位一般可分为：①会计主管；②出纳；③资金管理；④预算管理；⑤固定资产核算；⑥存货核算；⑦成本核算；⑧工资核算；⑨往来结算；⑩收入利润核算；⑪税务会计；⑫总账报表；⑬稽核；⑭会计电算化管理；⑮档案管理；等等。这些岗位可以一人一岗、一人多岗或一岗多人，各单位可以根据本单位的会计业务量和会计人员配备的实际情况具体确定。需要注意的是，为贯彻内部会计控制中的"账、钱、物分管"的原则，出纳人员不得兼管稽核、会计档案保管及收入、费用、债权债务账目的登记工作。对于企业的会计人员，应有计划地进行岗位轮换，以便会计人员能够比较全面地了解和熟悉各项会计工作，提高业务水平。会计人员调动工作或因故离职离岗，要将其经管的会计账目、款项和未了事项向接办人员移交清楚，并由其上级主管人员负责监交。

2.3.4　会计工作岗位之间的牵制和会计人员回避制度

回避制度是指为了保证执法或者执业的公正性，对由于某种原因可能影响其公正执法或者执业的人员实行任职回避和业务回避的一种制度。回避制度已成为我国人事管理的一项重要制度。事实表明，在会计工作中由于亲情关系而通同作弊和违法违纪的，已不在少数。在会计人员中实行回避制度，其必要性已经十分明显。

如2018年12月29日修订的《中华人民共和国公务员法》第74条规定："公务员之间有夫妻关系、直系血亲关系、三代以内旁系血亲关系以及近姻亲关系的，不得在同一机关双方直接隶属于同一领导人员的职位或者有直接上下级领导关系的职位工作，也不得在其中一方担任领导职务的机关从事组织、人事、纪检、监察、审计和财务工作。""公务员不得在其配偶、子女及其配偶经营的企业、营利性组织的行业监管或者主管部门担任领导成员。"

亲属关系是指因婚姻、血缘或收养而产生的社会关系。亲属关系作为一种基本的社会关系，他们之间通过"父、母、夫、妻、儿、女、兄、弟、姐、妹、姑、舅、侄"等称谓来表示，他们之间在法律上和道义上都相互具有一定的权利义务关系。这种权利义务关系，在家庭生活中表现为相互扶养的权利和义务；在一般事情上表现为比他人更为紧密的合作与支持；在工作和个人事业上，这种密切关系往往表现为相互提携、相互支持。这就容易滋生任人唯亲、相互利用甚至徇私枉法的弊端。所以，要实行回避制度。需要回避的主要有以下3种亲属关系：

（1）夫妻关系。夫妻关系是血亲关系和姻亲关系的基础和源泉，它是亲属关系中最核心、最重要的部分，属于亲属回避的主要内容之一。

（2）直系血亲关系。直系血亲关系是指具有直接血缘关系的亲属。法律上讲的有两种情况：第一种是出生于同一祖先，有自然联系的亲属，如祖父母、父母、子女等；第二种是指本来没有自然的或直接的血缘关系，但法律上确定其地位与血亲相等，如养父母和养子女之间的关系。直系血亲关系是亲属关系中最为紧密的关系之一，也应当被列入回避范围。

（3）三代以内旁系血亲以及近姻亲关系。旁系血亲是指源于同一祖先的非直系的血亲。所谓三代，就是从自身往上或者往下数三代以内，除了直系血亲以外的血亲，就是三代以内旁系血亲，实际上就是自己的兄弟姐妹及其子女与父母的兄弟姐妹及其子女。所谓近姻亲，主要是指配偶的父母、兄弟姐妹，儿女的配偶及儿女配偶的父母。因为三代以内旁系血亲以及近姻亲关系在亲属中也是比较亲密的关系，所以也需要回避。

根据《中华人民共和国公务员法》的规定，结合会计工作的实际情况，《会计基础工作规范》第16条规定："国家机关、国有企业、事业单位任用会计人员应当实行回避制度。单位领导人的直系亲属不得担任本单位的会计机构负责人、会计主管人员。会计机构负责人、会计主管人员的直系亲属不得在本单位会计机构中担任出纳工作。"

至于其他单位是否实行会计人员回避制度，《会计基础工作规范》没有明确规定。但是，鉴于会计人员回避制度在防范上的积极作用，其他单位应当有必要对会计人员实行必要的回避制度或参照《会计基础工作规范》的有关规定执行。

2.4 会计人员职业道德建设

职业道德是从业人员的职业品质、工作作风和工作纪律的统一。会计人员职业道德是会计人员在会计工作中应当遵循的与其特定职业活动相适应的行为规范。

会计职业道德是要求会计人员在其工作中正确处理人与人之间、个人与社会之间关系的行为规范和准则。加强会计职业道德建设，提高会计人员的道德素质，对正确贯彻国家有关政策法令、加强企业管理、提高经济效益，具有十分重要的意义。

2.4.1 重视会计人员职业道德建设的意义

1. 会计人员职业道德建设是提高会计人员的职业道德水平的有效途径

会计人员职业道德规范是会计工作规范的组成部分。会计工作质量的高低，不仅同各项技术规范有关，更同道德规范密切相关。因为技术规范是由会计人员来执行的，而会计人员的职业道德水平，在很大程度上影响着他们对业务的主观判断以及对技术规范的执行，从而影响到会计工作的质量。建立会计人员职业道德规范，可以强化对会计人员的道德约束，促使会计人员提高职业道德水平，保证各项技术规范的贯彻执行。

2. 会计人员职业道德建设是防止和杜绝会计工作中的不道德行为的必要措施

在会计工作中出现的不依法建账、弄虚作假、通同作弊等违法乱纪现象，是违背会计人员职业道德的行为。建立会计人员职业道德规范，可以使会计人员在办理经济业务中对自己的职业行为有对照的准绳和衡量的标准；可以帮助会计人员坚持原则，严格把关守口，强化会计监督职能。一个有过硬职业道德的会计人员，必然也是在遵纪守法方面不含糊、不懈怠的会计人员。这样的会计人员多了，就能有效地阻止会计工作中的不道德行为的发生，也会大大制止和杜绝经济生活中的违法乱纪行为和不良现象。

3. 会计人员职业道德建设是建设社会主义精神文明的基本要求

会计工作是重要的经济管理工作，会计人员职业道德是社会主义精神文明的组成部分之一，在会计工作中不忘精神文明建设，符合物质文明建设和精神文明建设两手都要硬的要求。会计人员分布在社会的各个方面、各个单位，是社会中负有特别使命的成员，会计工作渗透社会活动的各个环节。提高会计人员的职业道德水平，会直接对社会经济活动产生影响，有助于社会主义市场经济秩序的确立，进而影响社会风气，对社会主义精神文明建设发挥积极的作用。

2.4.2　会计人员职业道德规范的主要内容

《会计基础工作规范》关于会计人员职业道德的具体规定包括 6 个方面，如图 2-2 所示。

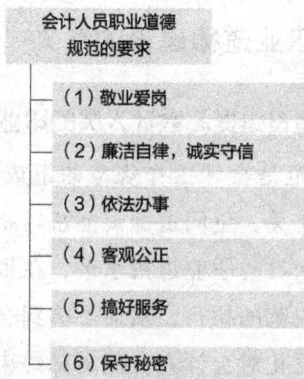

图 2-2　会计人员职业道德规范的要求

（1）敬业爱岗。这是会计人员职业道德规范的首要前提。它要求会计人员充分认识本职工作在整个经济和社会事业发展过程中的地位和作用，在工作中自觉主动地履行岗位职责，正确处理责、权、利三者关系；严格遵守财经法规和核算规程，杜绝渎职行为，更不得搞"账外账"甚至做假账。

（2）廉洁自律，诚实守信。职业声望关系到行业利益也关系到从业人员的切身利益。作为会计人员，应具备"理万金分文不沾""常在河边走，就是不湿鞋"的道德品质和高尚情操。会计人员必须做到不贪污、不占便宜、不收礼，闯过金钱关，度过人情关，以廉洁自律的行为，爱惜会计的职业声誉。诚实要求会计人员在工作中做到实事求是、客观公正、正确无误。守信要求会计人员在履行专业职责时，应保持足够的专业胜任能力，具备一丝不苟的责任感。

（3）依法办事。会计人员应当按照会计法律、法规、规章规定的程序和要求进行会计工作，保证所提供的会计信息合法、真实、准确、及时、完整。会计信息的合法、真实、准确、及时和完整，不但要体现在会计凭证和会计账簿的记录上，还要体现在财务报告上，使单位外部的投资者、债权人、社会公众以及社会监督部门能依照法定程序得到可靠的会计信息资料。要做到这一点并不容易，但会计人员的职业道德要求这样做，会计人员应该在这一点上树立自己职业的形象和职业人格的尊严，敢于抵制歪风邪气，同一切违法乱纪的行为做斗争。

（4）客观公正。会计人员在办理会计事务中，应当实事求是、客观公正。公正的本质体现为合理性，对一些特殊会计事项的处理必须坚持公正合理的原则，这不仅是职业道德规范的要求，也是会计人员个人品德的体现。会计工作的首要职能就是对各项经济活动进行客观公正的记录与反映，其本质特征体现为"真实性"，离开了实际发生的客观经济事项去进行会计处理只能是造假账。

（5）搞好服务。会计工作的特点决定会计人员应当熟悉本单位的生产经营和业务管理情况，以便运用所掌握的会计信息和会计方法，为改善单位的内部管理、提高经济效益服务。社会主义市场经济体制的建立为企业和实行企业化管理的事业单位开辟了广阔的天地。在这片广阔天地里驰骋需要有过硬的业务本领和服务意识。会计工作是经济管理工作的一部分，把这部分工作做好对所在单位的经营管理至关重要。这也正是会计人员的责任所在。

（6）保守秘密。会计人员应当保守本单位的商业秘密，除法律规定和单位负责人同意外，不能私自向外界提供或者泄露单位的会计信息。会计人员由于工作性质的原因，有机会了解到本单位的重要机密，如对企业来说，关键技术、工艺规程、配方、控制手段和成本资料等都是非常重要的机密，这些机密一旦泄露给竞争对手，会给本单位的经济利益造成重大的损害，对被泄密的单位是非常不公正的。所以，泄露本单位的商业秘密，是一种很不道德的行为。会计人员应当确立"泄露商业秘密是大忌"的观念，对自己知悉的内部机密，任何时候、任何情况下都要严格保守，不能信口吐露，也不能为了一己的私利而向外界提供。

2.4.3　会计人员职业道德规范的贯彻

在我国，建立会计人员职业道德规范的工作还只是开始，实践不多，经验也有待积累。但实践已经说明，开展这项工作是整顿会计工作秩序、完善市场经济体制的重要手段之一，非常必要。《会计基础工作规范》对会计人员职业道德规范做出了全面的规定，必定大大促进我国建立会计人员职业道德规范的工作。不仅如此，《会计基础工作规范》第24条还对会计人员职业道德规范的贯彻做了规定。

1. 规定了检查考核部门

根据《会计基础工作规范》第24条的规定，财政部门、业务主管部门和各单位是会计人员遵守职业道德情况的检查部门。但检查部门首先应该是教育部门，因为检查出问题并不是目的，检查的目的是督促。因此，应该充分抓好对会计人员的职业道德教育，在这个基础上，再来进行严格的考核和检查。这种考核和检查，应有要求、有制度，以便会计人员据此对自己提出具体要求。

2. 规定了基本的奖惩办法

财政部门、业务主管部门和各单位应当定期检查会计人员遵守职业道德的情况，并作为会计人员晋升、晋级、聘任专业职务、表彰奖励的重要考核依据。

会计人员违反职业道德的，由其所在单位进行处理。

第**3**章
会计基础工作之会计核算：一般要求及核算内容

3.1 建立规范的账簿体系

建立账簿体系是进行会计核算的前提，是国家法规对企业会计核算最基本的要求。建立规范、严谨的会计账簿体系，是企业会计核算的第一步。

3.1.1 会计账簿体系的基础知识

会计账簿，简称账簿，是指由一定格式账页组成的，以会计凭证为依据，全面、系统、连续地记录各项经济业务的簿籍。账簿体系则是一系列具有统属关系的账簿的总称，在这一系列的账簿之间记录的经济业务的类型不同，记录的财务信息的详略要求不同，但彼此之间相互关联、相互统属、相互对应。

1. 账簿体系中的账簿类别

账簿的分类有很多种方法，在账簿体系中，按照统属与被统属的关系，可以将账簿划分为总分类账户账簿和明细分类账户账簿。

总分类账户是指根据总分类科目设置的，用于对会计要素具体内容进行总括分类核算的账户，简称总账账户或总账。为了保持会计信息的一致性、可比性，目前总分类账户一般根据国家统一的会计制度的有关规定设置。总分类账户根据不同的标准，可以有不同的分类。

明细分类账户是根据明细分类科目设置的，用来对会计要素具体内容进行明细分类核算的账户，简称明细账户。同会计科目一样，明细分类账户也可再分为二级账户、三级账户等。实际工作中，将总账账户称为一级账户，总账以下的账户称为明细账户。

总分类账户对明细分类账户具有统驭控制作用，明细分类账户对总分类账户具有补充说明作用。总分类账户与其所属明细分类账户在总金额上应当相符。

2. 设置和登记会计账簿的作用

会计账簿是编制会计报表的基础，是连接会计凭证与会计报表的中间环节。设置和登记会计账簿在会计核算中具有的重要意义，如图3-1所示。

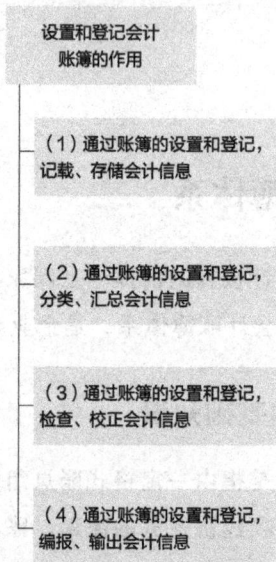

图 3-1　设置和登记会计账簿的作用

3.1.2　我国法律、法规对建账的基本要求

依法建立各种账册，不仅是国家法律的强制要求，也是加强单位经营管理的客观需要。但在我国会计工作实践中，依法建账问题仍是当前会计工作的一个薄弱环节。这一问题主要表现在以下两个方面。

（1）有些单位没有按照要求建立账簿。有的单位根本没有账，好一点的还保存原始单据，形成所谓的"包包账""捆捆账"；有的单位虽然建账了，但账目不全。对于这些单位而言，会计核算、会计监督也就无从说起。

（2）有的单位则是账外有账，将所发生的经济业务视需要在两本账之间进行分流，还有的单位公然做假账。这已成为一段时间以来会计工作中一个突出的薄弱环节。

会计账册是会计核算的载体，建账是会计工作得以开展的基础环节。对于是否应该建账的问题，我国有关法律、法规做出了明确规定。

《会计法》第3条规定："各单位必须依法设置会计账簿，并保证其真实、完整。"第16条还规定："各单位发生的各项经济业务事项应当在依法设置的会计账簿上统一登记、核算，不得违反本法和国家统一的会计制度的规定私设会计账簿登记、核算。"

《公司法》第 171 条规定："公司除法定的会计账簿外，不得另立会计账簿。"

《会计基础工作规范》第 36 条从会计基础工作的需要角度出发规定："各单位应当按照《中华人民共和国会计法》和国家统一会计制度的规定建立会计账册，进行会计核算，及时提供合法、真实、准确、完整的会计信息。"

根据《中华人民共和国税收征收管理法》第 19 条和《中华人民共和国税收征收管理法实施细则》第 22 条的有关规定，所有的纳税人和扣缴义务人都必须按照有关法律、行政法规和国务院财政、税务主管部门的规定设置账簿。所谓账簿，是指总账、明细账、日记账以及其他辅助性账簿。总账、日记账应当采用订本式。从事生产、经营的纳税人应当自领取营业执照或者发生纳税义务之日起 15 日内设置账簿。

扣缴义务人应当自税收法律、行政法规规定的扣缴义务发生之日起 10 日内，按照所代扣、代收的税种，分别设置代扣代缴、代收代缴税款账簿。

生产、经营规模小又确无建账能力的纳税人，可以聘请经批准从事会计代理记账业务的专业机构或者经税务机关认可的财会人员代为建账和办理账务；聘请上述机构或者人员有实际困难的，经县以上税务机关批准，可以按照税务机关的规定，建立收支凭证粘贴簿、进货销货登记簿或者使用税控装置。

综上所述，对于国家机关、社会团体、企业、事业单位和符合建账条件的个体工商户以及其他经济组织应当建立会计账簿的问题，在我国有关法律、法规中有明确的规定。

3.2 会计核算的要求

3.2.1 会计核算的基本要求

对于会计核算的基本要求，《会计基础工作规范》第 38 条规定："各单位的会计核算应当以实际发生的经济业务为依据，按照规定的会计处理方法进行，保证会计指标的口径一致、相互可比和会计处理方法的前后各期相一致。"会计核算要满足3个基本要求，如图3-2所示。

图 3-2　会计核算的基本要求

1. 真实性要求

会计核算应当以实际发生的经济业务为依据，这是会计核算的真实性和客观性要求。其具体要求是，根据实际发生的经济业务，取得可靠的凭据，进行准确的核算，形成符合质量标准的会计信息。以实际发生的经济业务为依据来进行会计核算本来不应该是问题，因为不以实际发生的经济业务为依据，整个会计核算就失去了存在的意义。但在现实生活中，基于不同的目的和需要，伪造或变造会计凭证、会计账目和会计报表，篡改会计数据，真账假算或假账真算等问题时有发生。这对会计基础工作造成了极大的冲击，使人们在一定程度上对会计信息产生"信任危机"。令人欣慰的是，不少会计人员为了维护会计核算的真实性和客观性，在面临比较艰难的处境时，仍保持了应有的职业道德，使会计信息的整体质量基本得到了保证。

2. 合法性要求

会计核算的合法性要求，是指按照规定的会计处理方法对所发生的经济业务进行会计核算。对会计处理方法的规定，主要来自国家统一的会计制度，包括财政部发布的《企业会计准则》《政府会计准则》以及各行业及单位会计制度等。对会计处理方法做出规定，是国际惯例；减少企业在会计处理方法上的选择余地，是会计处理方法的发展趋势。这都是基于同样的考虑，即增强会计指标的可比性，使不同单位之间的横向比较有较强的经济含义，从而为改善经营管理和做出理性的投资决策提供价值较高的依据。在会计核算中不执行规定的处理方法是十分有害的，如折旧应提不提，利息应计不计，财产损失应处理不处理，销售收入应确认不确认，成本费用应列不列、该转不转或不该转的反倒转了等，因此形成的会计信息不仅不能为管理或决策所用，反而会对管理或决策产生严重误导，从而损害投资人和国家的利益。

3. 一致性要求

会计处理方法的前后各期相一致，是会计核算的一致性要求。一个单位在对其不同时期所发生的经济业务进行会计核算时，要在处理方法上保持一致。这可以增强本单位的会计指标在纵向上的可比性，这种可比性是改善经营管理和做出理性的投资决策所需要的。一致性要求一个单位的会计处理方法必须保持稳定，但并不意味着这个单位的会计处理方法必须自始至终一成不变。在客观经济环境发生变化、存在改善经营管理需要或会计技术发展产生需要时，一个单位是可以改变其会计处理方法的。在发生这种变动时，重要的是必须按照有关法规或会计制度的要求在财务报告中予以说明，以便会计信息的使用者了解这种会计处理方法变动的影响。实际工作中可能存在以下问题：一是会计处理方法变动不按规定进行，钻在一定的情况下允许变动会计处理方法的空子，人为地操纵成本、费用、收入和利润等会计指标；二是在会计处理方法变动后不按规定进行说明，掩盖真实的财务状况和经营情况，误导会计信息的使用者。这些行为是与会计人员的职业道德相违背的，严重的还可能触犯刑律，构成刑事犯罪。

3.2.2　会计核算的具体要求

会计核算的具体要求，主要包括有关会计记录文字的规定、会计期间的规定、记账本位币的规定、会计制度的规定、会计科目的规定、会计资料的规定和会计报表格式的规定 7 个方面的内容。

1. 关于会计记录文字的规定

文字是会计核算和所形成的各种会计记录中不可缺少的媒介。离开文字说明的数字是"死"的，只有与文字说明有机地结合起来，数字才能成为有意义的会计信息，才能表明经济活动的性质和量的变化及结果。

《会计法》第 22 条规定："会计记录的文字应当使用中文。在民族自治地方，会计记录可以同时使用当地通用的一种民族文字。在中华人民共和国境内的外商投资企业、外国企业和其他外国组织的会计记录可以同时使用一种外国文字。"

《会计基础工作规范》第 46 条规定："会计记录的文字应当使用中文，少数民族自治地区可以同时使用少数民族文字。中国境内的外商投资企业、外国企业和其他外国经济组织也可以同时使用某种外国文字。"

当前我国的会计法规之所以要求统一使用中文进行会计记录，是因为中文是我国的正式语言，使用中文进行会计记录有利于保证会计核算资料的统一性，这是大前提。在这个前提下，为了适应某种实际需要，少数民族的文字或某种外国文字也可以与中文同时使用，但如果只用某种少数民族的文字或某种外国文字而不是与中文同时使用，那就是不合规范的行为。这与《会计基础工作规范》第40条关于记账本位币的规定是有区别的。

有关会计记录文字的规定如图3-3所示。

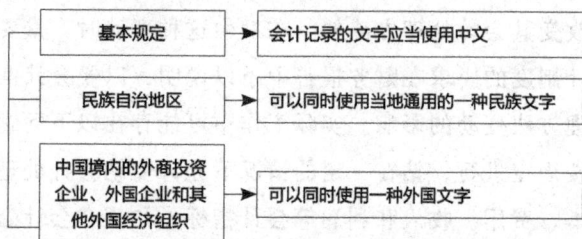

图3-3　会计记录文字的规定

2. 关于会计期间的规定

为了保证企业的经营成果能够及时地得以体现，产生了进行会计分期的需要。会计分期是指将会计主体持续不断的经济活动分割为一定的期间。在会计分期前提下，会计核算应当划分会计期间，分期结算账目和编制财务会计报告。在会计分期中，最重要的就是确定会计年度。确定会计年度是会计核算的持续经营和权责发生制基本假定的要求，其目的在于，当一个单位的生产经营或业务管理活动在可以预见的将来会持续不断地进行下去的时候，为了能够及时了解这个单位的净收益、经营收支结果或预算执行情况，要人为地按照一个相等的会计期间进行财务决算，以便对该会计期间的经营管理活动加以总结，对所取得的财务成果进行分配以及对不同会计期间的财务成果进行分析比较。只有确定了会计年度，才能分清本期与他期，才能建立起应收与应付、预收与预付、待摊与预提等概念，使会计核算的精准度大大提高。

会计年度可以按照单位的经营周期确定，也可以按照单位的纳税年度确定，还可以按照国家的财政年度确定，依单位的性质和法律上的要求而定。《会计法》第11条规定："会计年度自公历1月1日起至12月31日止。"《会计基础工作规范》第39条规定："会计年度自公历1月1日起至12月31日止。"

由于我国《会计法》及其他有关法律都对会计年度做出了明确的具体规

定，各单位在会计年度的确定上不享有选择的权利。但有的单位只在形式上遵守有关会计年度的法律规定，其或者是提前或推迟确认收入，或者是推迟或提前计列费用，人为地进行收入和成本费用的跨年度调节，实际上这已构成违反有关会计年度的法律规定的行为。

为了会计核算和经营管理的方便，在会计年度内一般还需按照季度和月度进行结账和编制财务会计报告，以便更及时地提供会计信息。

会计年度的规定如图 3-4 所示。

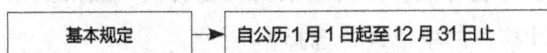

```
┌──────────┐     ┌─────────────────────────┐
│  基本规定  │ ──→ │ 自公历 1 月 1 日起至 12 月 31 日止 │
└──────────┘     └─────────────────────────┘
```

图 3-4 会计年度的规定

3. 关于记账本位币的规定

货币计量是会计核算的基本假设之一，对记账本位币的规定实际上是对货币计量的基本尺度的规定。一个单位应以本国的法定货币作为其记账货币。《会计法》第 12 条规定："会计核算以人民币为记账本位币。业务收支以人民币以外的货币为主的单位，可以选定其中一种货币作为记账本位币，但是编报的财务会计报告应当折算为人民币。"

《会计基础工作规范》第 40 条关于记账本位币的规定，在《会计法》第 12 条规定的基础上做了扩充："会计核算以人民币为记账本位币。收支业务以外国货币为主的单位，也可以选定某种外国货币作为记账本位币，但是编制的会计报表应当折算为人民币反映。境外单位向国内有关部门编制的会计报表，应当折算为人民币反映。"

确定人民币为各单位会计核算的记账本位币，是因为人民币是我国的法定货币，是我国境内各项经济活动中唯一允许采用的支付手段，具有最为广泛的适用性。以人民币为统一口径的会计信息，其相关成本也最低。随着我国对外开放的逐步扩大，我国外商投资企业越来越多，我国对外投资或在海外上市的企业也日益增多，我国的对外贸易和合作更是发展迅速，人民币以外货币的收支业务在许多单位的日常会计核算中明显增加，从而引出了记账货币的问题。对此，《会计法》和《会计基础工作规范》都做了适应性规定，以满足收支业务以外国货币为主的单位的会计核算需要。

记账本位币的规定如图 3-5 所示。

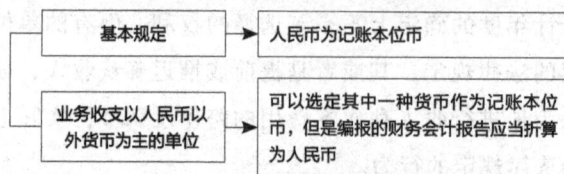

图 3-5　记账本位币的规定

4. 关于会计制度的规定

会计制度是进行会计核算的直接依据，在我国一般由国家制定统一的会计制度，由进行会计核算的单位进行选择。

《会计法》第 8 条规定："国家实行统一的会计制度。国家统一的会计制度由国务院财政部门根据本法制定并公布。国务院有关部门可以依照本法和国家统一的会计制度制定对会计核算和会计监督有特殊要求的行业实施国家统一的会计制度的具体办法或者补充规定，报国务院财政部门审核批准。"

当前，我国现行的会计制度主要包括《企业会计准则》《小企业会计准则》《政府会计准则》等，其具体的适用范围如图 3-6 所示。

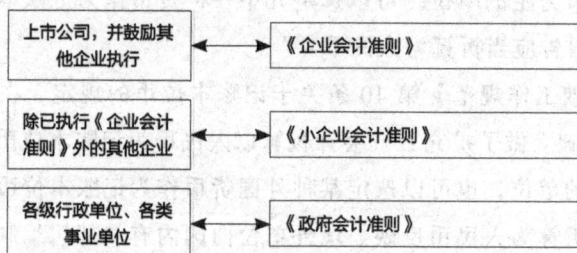

图 3-6　会计制度的适用范围

5. 关于会计科目的规定

会计科目是按照会计要素的具体构成进行进一步科学分类而确立的会计核算项目。国家统一的行业或单位会计制度，一般都对会计科目以及明细科目的设置、科目名称、主要核算内容和基本业务的核算方法等做出了规定。这些规定是各单位进行会计科目设置和使用的依据。同时，由于会计核算手段的进步和经营管理工作的强化，会计核算的细化不仅必要而且可能，但单位之间在经营管理的风格和要求上是有差异的，由此带来不同单位在会计科目设置和使用需要上的差异。因而，应该允许各单位在一定的条件下自行设置和使用会计科目，以便更好地满足会计核算的需要。

这个"一定的条件"，就是"根据国家统一会计制度的要求"和"不影响会计核算要求、会计报表指标汇总和对外统一会计报表"。在实际工作中，需要警惕只见"自行设置和使用会计科目"，不见"一定的条件"的倾向。对一些单位擅自增减、合并会计科目，随意确定科目名称，任意改变核算内容，以及不遵守基本业务规定的核算方法的行为，应予以制止和纠正。此外，基层单位在自主设置和使用会计科目中，还应注意本单位会计人员的素质应能与之相适应，即要使会计科目的设置和使用既能满足单位内部的需要，又能适应对外会计报表编报和会计指标汇总的需要。

《会计基础工作规范》第 41 条在《会计法》规定的原则上，在各单位会计科目的设置和使用上充实了较多灵活性的内容。其具体内容为："各单位根据国家统一会计制度的要求，在不影响会计核算要求、会计报表指标汇总和对外统一会计报表的前提下，可以根据实际情况自行设置和使用会计科目。"

6. 关于会计资料的规定

《会计法》第 5 条规定："会计机构、会计人员依照本法规定进行会计核算，实行会计监督。任何单位或者个人不得以任何方式授意、指使、强令会计机构、会计人员伪造、变造会计凭证、会计账簿和其他会计资料，提供虚假财务会计报告。任何单位或者个人不得对依法履行职责、抵制违反本法规定行为的会计人员实行打击报复。"

《会计法》第 13 条规定："会计凭证、会计账簿、财务会计报告和其他会计资料，必须符合国家统一的会计制度的规定。使用电子计算机进行会计核算的，其软件及其生成的会计凭证、会计账簿、财务会计报告和其他会计资料，也必须符合国家统一的会计制度的规定。任何单位和个人不得伪造、变造会计凭证、会计账簿及其他会计资料，不得提供虚假的财务会计报告。"

《会计基础工作规范》第 42 条规定："会计凭证、会计账簿、会计报表和其他会计资料的内容和要求必须符合国家统一会计制度的规定，不得伪造、变造会计凭证和会计账簿，不得设置账外账，不得报送虚假会计报表。"这是对《会计法》第 9 条规定的充实和重申，也是《会计基础工作规范》中为数不多的强制性规范之一。

伪造会计凭证和会计账簿，是指以虚假的经济业务为前提来编制会计凭证和会计账簿，旨在以假充真；变造会计凭证和会计账簿，是指用涂改、挖补等手段来改变会计凭证和会计账簿的真实内容，以歪曲事实真相；设置账外账，是指在按照规定设置的会计账簿之外，另外还设一套或多套会计账簿，将一项经济业务在不同的会计账簿上做出不同的反映，或者不通过规定的会计账簿进行一项经济业务的核算，而是在另设的会计账簿上予以反映，以隐瞒真实情况；报送虚假会计报表，是指通过上述手段造成会计资料的内容不实或直接篡改报表上的数据，使会计报表虚假不实，用以误导会计信息的使用者。伪造、变造会计凭证和会计账簿，设置账外账以及编报虚假的会计报表等，都是严重的违法行为，它们直接或间接地导致隐匿收入、偷逃国家税收、转移国家资金、干扰经济发展和改革、助长腐败行为以至最终损害国家和社会公众的利益，因此必须坚决制止并纠正。

7. 关于会计报表格式的规定

会计报表是会计核算工作的最终"产品"。单位对外报送的会计报表采用统一的格式，有利于不同单位会计指标的口径一致和相互可比，也有利于国家有关部门进行会计指标的汇总，同时还提供了衡量一个单位的会计核算工作质量的标准之一。

《会计法》第20条规定："财务会计报告应当根据经过审核的会计账簿记录和有关资料编制，并符合本法和国家统一的会计制度关于财务会计报告的编制要求、提供对象和提供期限的规定；其他法律、行政法规另有规定的，从其规定。财务会计报告由会计报表、会计报表附注和财务情况说明书组成。向不同的会计资料使用者提供的财务会计报告，其编制依据应当一致。有关法律、行政法规规定会计报表、会计报表附注和财务情况说明书须经注册会计师审计的，注册会计师及其所在的会计师事务所出具的审计报告应当随同财务会计报告一并提供。"

《会计基础工作规范》第43条规定："各单位对外报送的会计报表格式由财政部统一规定。"

《企业会计准则第30号——财务报表列报》中第2条规定，财务报表是对企业财务状况、经营成果和现金流量的结构性表述。财务报表至少应当包括下列组成部分：

（1）资产负债表；

（2）利润表；

（3）现金流量表；

（4）所有者权益（或股东权益，下同）变动表；

（5）附注。

财务报表上述组成部分具有同等的重要程度。

《企业会计准则第 30 号——财务报表列报》应用指南和《企业会计准则第 31 号——现金流量表》应用指南对以上 5 种会计报表的格式进行了详细的规定，具体的格式详见第 6 章。

3.3　会计核算的基本内容

会计核算的内容是指特定主体的资金运动，包括资金的投入、资金的循环与周转、资金的退出 3 个阶段。资金在上述 3 个阶段的运动，又是通过一系列的经济业务事项来进行的。这里，经济业务事项包括经济业务和经济事项两类。经济业务又称经济交易，是指企业与其他单位和个人之间发生的各种经济利益的交换，如商品销售等；经济事项是指在企业内部发生的具有经济影响的各类事件，如计提折旧等。

《会计法》第 10 条对会计核算的基本内容做了规定："下列经济业务事项，应当办理会计手续，进行会计核算：

（1）款项和有价证券的收付；

（2）财物的收发、增减和使用；

（3）债权债务的发生和结算；

（4）资本、基金的增减；

（5）收入、支出、费用、成本的计算；

（6）财务成果的计算和处理；

（7）需要办理会计手续、进行会计核算的其他事项。"

《会计基础工作规范》第 37 条重申了《会计法》的这一规定，即要求对上述会计事项，必须及时办理会计手续，进行会计核算。

3.3.1　款项和有价证券的收付

款项是作为支付手段的货币资金，主要包括现金、银行存款以及其他视同现金和银行存款使用的外埠存款、银行汇票存款、银行本票存款、信用卡存款、信用证保证金存款和各种备用金等。有价证券是指表示一定财产拥有权或支配权的证券，如国库券、股票、企业债券等。款项和有价证券是流动性最强的资产，如果款项和有价证券收付环节出现问题，不仅使企业款项和有价证券受损，更会直接影响企业货币资金的供应，从而影响企业生产经营活动。各企业必须按照国家统一的会计制度的规定，及时、如实地核算款项和有价证券的收付及结存，保证企业货币资金的流通性、安全性，提高货币资金的使用效率。

3.3.2　财物的收发、增减和使用

财物是企业财产物资的简称，是企业进行生产经营活动且具有实物形态的经济资源，一般包括原材料、燃料、包装物、低值易耗品、在产品、库存商品等流动资产，以及房屋、建筑物、机器、设备、设施、运输工具等固定资产。这些物资在企业资产总额中往往占有很大比重。财物的收发、增减和使用，是会计核算中的经常性业务，也是发挥会计在控制和降低成本、保证财物安全完整、防止资产流失等职能的重要方面。因此，各企业必须加强对财物收发、增减和使用环节的核算，维护企业正常的生产经营秩序。

3.3.3　债权债务的发生和结算

债权是企业收取款项的权利，一般包括各种应收和预付款项等。债务则是指由于过去的交易、事项形成的现时义务，履行该义务预期会导致经济利益流出企业。债务一般包括各项借款、应付和预收款项以及应交款项等。债权和债务是企业日常生产经营和业务活动中大量发生的经济业务事项。由于债权债务的发生和结算涉及本企业与其他单位或有关方面的经济利益，关系到企业自身的资金周转，影响着企业的生产经营活动和业务活动，所以，各企业必须及时、真实、完整地核算本企业的债权债务，防止在债权债务环节发生非法行为。

3.3.4　资本的增减

资本是投资者为开展生产经营活动而投入的资金。会计上的资本，专指所有者权益中的投入资本。资本的利益关系人比较明确，用途也基本定向。办理资本增减的政策性强，一般都应以具有法律效力的合同、协议、董事会决议等为依据，各单位必须按照国家统一的会计制度的规定和具有法律效力的文书为

依据进行资本的核算。

3.3.5 收入、支出、费用、成本的计算

收入是一个单位在经营活动中由于销售产品、商品，提供劳务、服务或提供资产的使用权等取得的款项或收取款项的权利。支出从狭义上理解，仅指行政事业单位和社会团体在履行法定职能或发挥特定的功能时所发生的各项开支，以及企业和企业化的事业单位在正常经营活动以外的支出或损失；从广义上理解，支出是一个单位实际发生的各项开支或损失。费用的含义比支出的含义窄，通常使用范围也小一些，仅指企业和企业化的事业单位因生产、经营和管理活动而发生的各项耗费和支出。成本一般仅限于企业和企业化的事业单位在生产产品、购置商品和提供劳务或服务中所发生的各项直接耗费，如直接材料、直接工资、直接费用、商品进价以及燃料、动力等其他直接费用。

收入、支出、费用、成本都是重要的会计要素，体现着对一个单位的经营管理水平和效率从不同角度进行的度量，是计算一个单位经营成果及其盈亏情况的主要依据。对这些要素进行会计核算的特点是连续、系统、全面和综合。在实际工作中，问题突出的有虚报（人为压低或提高）收入、虚列支出和乱挤乱摊成本费用等。这已成为严重影响会计信息质量的根源之一，会计人员有责任制止和纠正这种现象。

3.3.6 财务成果的计算和处理

财务成果主要是指企业在一定时期内通过从事生产经营活动而在财务上所取得的结果，具体表现为盈利或亏损。财务成果的计算和处理一般包括利润的计算、所得税的计算和缴纳、利润分配或亏损弥补等。财务成果的计算和处理，涉及所有者、国家等方面的利益，因此，各单位必须按照国家统一的会计制度和其他法规制度的规定，正确对财务成果进行计算和处理。

除上述 6 项经济业务事项以外的其他经济业务事项，也应按照国家统一的会计制度规定办理会计手续，进行会计核算。

第**4**章
会计核算的起点：编制会计凭证

4.1 会计凭证的概念、分类与书写要求

4.1.1 会计凭证的概念

取得和填制会计凭证是会计基础工作的基本内容之一，对会计核算工作和会计信息质量具有至关重要的影响和作用。要做好这一基础工作，单位的领导必须给予足够的重视，会计人员则要有高度的职业责任感、严谨细致的工作作风和扎实的基本功。

会计凭证是具有一定格式、用以记录经济业务发生和完成情况的书面证明。各单位在按照《会计法》和《会计基础工作规范》的有关规定办理会计手续和进行会计核算时，必须以会计凭证为依据。

《会计基础工作规范》第47条规定，各单位在对《会计基础工作规范》第37条规定的会计事项办理会计手续、进行会计核算时，"必须取得或者填制原始凭证，并及时送交会计机构"。

合法地取得、正确地填制和审核会计凭证，是会计核算的基本方法之一，也是会计核算工作的起点，在会计核算中具有重要意义。

（1）记录经济业务，提供记账依据。会计凭证是登记账簿的依据，会计凭证所记录的有关信息是否真实、可靠、及时，对于能否保证会计信息质量，具有至关重要的影响。

（2）明确经济责任，强化内部控制。任何会计凭证除记录有关经济业务的基本内容外，还必须由有关部门和人员签章，对会计凭证所记录经济业务的真实性、完整性、合法性负责，以防止舞弊行为，强化内部控制。

（3）监督经济活动，控制经济运行。通过会计凭证的审核，可以查明每一项经济业务是否符合国家有关法律、法规、制度规定，是否符合计划、预算进度，是否有违法乱纪、铺张浪费行为等。对于查出的问题，应积极采取措施

予以纠正，实现对经济活动的事中控制，保证经济活动健康运行。

4.1.2 会计凭证的分类

会计凭证按照编制程序和用途的不同，分为原始凭证和记账凭证两类。

原始凭证，也称单据，是在经济业务发生时，由业务经办人员直接取得或者填制，用以表明某项经济业务已经发生或其完成情况并明确有关经济责任的一种凭证。原始凭证是填制记账凭证或登记账簿的原始依据，是重要的会计核算资料。各单位在经济业务发生时，不但必须取得或者填制原始凭证，还应该将原始凭证及时送交本单位的会计机构或专职会计人员，以保证会计核算工作的顺利进行。

记账凭证是会计人员根据审核无误的原始凭证，按照经济业务的内容加以归类，并据此确定会计分录后所填制的会计凭证，它是登记账簿的直接依据。记账凭证又称为记账凭单，它根据复式记账法的基本原理，确定了应借、应贷的会计科目及其金额，将原始凭证中的一般数据转化为会计语言，是介于原始凭证与账簿之间的中间环节，是登记明细分类账户和总分类账户的依据。

4.1.3 会计凭证的书写要求

《会计基础工作规范》第 52 条规定，"填制会计凭证，字迹必须清晰、工整"。这一要求不但使字迹便于辨认，也有助于防止篡改。《会计基础工作规范》还对填制会计凭证时阿拉伯数字、汉字大写数字和货币符号等的书写做了十分具体的规定。这都是在填制会计凭证时应当严格遵守的要求。

1. 阿拉伯数字的书写要求

《会计基础工作规范》第 52 条具体规定："阿拉伯数字应当一个一个地写，不得连笔写。"特别在要连着写几个"0"时，一定要单个地写，不能将几个"0"连在一起一笔写完。数字的排列要整齐，数字之间的空隙应均匀，不宜过大。

根据习惯，在书写阿拉伯数字时应有一定的斜度。倾斜角度的大小应以笔顺书写方便、好看易认为准，不宜过大也不宜过小，一般可掌握在 60 度左右，即数字的中心斜线与底平线为 60 度的夹角。此外，阿拉伯数字的书写还应有高度标准，一般要求数字的高度占凭证横格高度的 1/2 为宜。书写时还要注意紧靠横格底线，使上方能留出一定空位，以便需要进行更正时可以再次书写。

为了防止涂改，对有竖笔画的数字的写法应有明显区别，如"6"的竖笔画应偏左，"4""7""9"的竖笔画应偏右，"1"的竖笔画应写在中间。此外，"6"的竖笔画应上提出格至一般数字的1/4；"7""9"的竖笔画可以下拉出格至一般数字的1/4。

2. 货币符号的书写要求

《会计基础工作规范》第52条具体规定："阿拉伯金额数字前面应当书写货币币种符号或者货币名称简写和币种符号。币种符号与阿拉伯金额数字之间不得留有空白。凡阿拉伯数字前写有币种符号的，数字后面不再写货币单位；所有以元为单位（其他货币种类为货币基本单位）的阿拉伯数字，除表示单价等情况外，一律填写到角分；无角分的，角位和分位可写'00'，或者符号'—'；有角无分的，分位应当写'0'，不得用符号'—'代替。"

3. 汉字大写数字的书写要求

（1）汉字大写数字的书写。《会计基础工作规范》第52条具体规定："汉字大写数字金额如零、壹、贰、叁、肆、伍、陆、柒、捌、玖、拾、佰、仟、万、亿等，一律用正楷或者行书体书写，不得用0、一、二、三、四、五、六、七、八、九、十等简化字代替，不得任意自造简化字。"在实际工作中，我们会发现一些不规范的简化大写数字，如以"另"代零，以"两"代贰，以"廿"代贰拾等。

《会计基础工作规范》第52条还具体规定："大写金额数字到元或者角为止的，在'元'或者'角'字之后应当写'整'字或者'正'字；大写金额数字有分的，分字后面不写'整'或者'正'字。"例如，人民币35 680元，大写金额数字应为"人民币叁万伍仟陆佰捌拾元整"或为"人民币叁万伍仟陆佰捌拾元正"；又如，人民币471.90元，大写金额数字应为"人民币肆佰柒拾壹元玖角整"或为"人民币肆佰柒拾壹元玖角正"；再如，人民币2 308.66元，大写金额数字应为"人民币贰仟叁佰零捌元陆角陆分"。

（2）货币名称的书写。《会计基础工作规范》第52条具体规定："大写金额数字前未印有货币名称的，应当加填货币名称，货币名称与金额数字之间不得留有空白。"在发票等需填写大写金额数字的原始凭证上，如果有关货币名称事先未能印好，在填写大写金额数字时，应加填有关的货币名称，然后在其后紧接着填写大写金额数字，如人民币 186 497 元，应当写成"人民币拾捌万陆仟肆佰玖拾柒元整"，不能分开写成"人民币 拾捌万陆仟肆佰玖拾柒元整"。

（3）"零"字的写法。《会计基础工作规范》第 52 条具体规定："阿拉伯金额数字中间有'0'时，汉字大写金额要写'零'字；阿拉伯数字金额中间连续有几个'0'时，汉字大写金额中可以只写一个'零'字；阿拉伯金额数字元位是'0'，或者数字中间连续有几个'0'、元位也是'0'但角位不是'0'时，汉字大写金额可以只写一个'零'字，也可以不写'零'字。"如人民币 101.50 元，汉字大写金额应写成"人民币壹佰零壹元伍角整"。阿拉伯金额数字中间连续有几个"0"时，汉字大写金额中可以只写一个"零"字。如人民币 1 004.56 元，汉字大写金额应写成"人民币壹仟零肆元伍角陆分"。阿拉伯金额数字元位为"0"时，或数字中间连续有几个"0"，元位也是"0"，但角位不是"0"时，汉字大写金额可只写一个"零"字，也可不写"零"字。如人民币 1 680.32 元，汉字大写金额应写成"人民币壹仟陆佰捌拾元叁角贰分"。又如人民币 1 600.32 元，汉字大写金额应写成"人民币壹仟陆佰元叁角贰分"或"人民币壹仟陆佰元零叁角贰分"。

大写金额数字的规范书写如表 4-1 所示。

表 4-1　大写金额数字的规范书写

楷书	壹贰叁肆伍陆柒捌玖拾佰仟万亿零整元角分
行书	壹贰叁肆伍陆柒捌玖拾佰仟万亿零整元角分

4.2　原始凭证的类别、内容、填制与审核

4.2.1　原始凭证的类别

1. 按照来源分类

原始凭证按照来源的不同，分为外来原始凭证和自制原始凭证。

（1）外来原始凭证。它是指在经济业务发生或完成时，从其他单位或个人直接取得的原始凭证，如购买货物取得的增值税专用发票、对外单位支付款项时取得的收据、职工出差取得的飞机票、火车票等。

（2）自制原始凭证。它是指由本单位内部经办业务的部门和人员，在执行或完成某项经济业务时填制的、仅供本单位内部使用的原始凭证，如收料单、领料单、限额领料单、产品入库单、产品出库单、借款单、工资发放明细表、折旧计算表等。

2. 按照填制手续及内容分类

原始凭证按照填制手续及内容的不同，分为一次凭证、累计凭证和汇总凭证。

（1）一次凭证。它是指一次填制完成、只记录一笔经济业务的原始凭证，如收据、领料单、收料单、发货票、借款单、银行结算凭证等。一次凭证是一次有效的凭证。

（2）累计凭证。它是指在一定时期内多次记录发生的同类型经济业务的原始凭证。其特点是，在一张凭证内可以连续登记相同性质的经济业务，随时结出累计数及结余数，并按照费用限额进行费用控制，期末按实际发生额记账。累计凭证是多次有效的原始凭证。具有代表性的累计凭证是限额领料单。

（3）汇总凭证。它是指对一定时期内反映经济业务内容相同的若干张原始凭证，按照一定标准综合填制的原始凭证。汇总凭证合并了同类型经济业务，简化了记账工作量。常用的汇总凭证有发出材料汇总表、工资结算汇总表、差旅费报销单等。

3. 按照格式分类

原始凭证按照格式的不同，分为通用凭证和专用凭证。

（1）通用凭证。它是指由有关部门统一印制、在一定范围内使用的具有统一格式和使用方法的原始凭证。通用凭证的使用范围，因制作部门不同而异，可以是某一地区、某一行业的，也可以是全国通用的。如某省（区、市）印制的发货票、收据等，在该省（区、市）通用；由人民银行制作的银行转账结算凭证，在全国通用等。

（2）专用凭证。它是指由单位自行印制、仅在本单位内部使用的原始凭证，如领料单、差旅费报销单、折旧计算表、工资费用分配表等。

4. 按照经济业务的类别分类

原始凭证按照经济业务类别的不同，分为款项收付业务凭证、出入库业务凭证、成本费用凭证、购销业务凭证、固定资产业务凭证和转账业务凭证。

（1）款项收付业务凭证。它是指记录现金和银行存款收付等业务的原始凭证。这类凭证既有外来的，也有自制的，但多为一次凭证，如现金借据、现金收据、领款单、零星购物发票、车船机票、医药费单据、银行支票、付款委托书、托收承付结算凭证等。

（2）出入库业务凭证。它是指记录材料、产成品出入库等情况的原始凭证。这类凭证可以是一次凭证，也可以是累计凭证，如入库单、领料单、提货单等。

（3）成本费用凭证。它是指记录产品生产费用的发生和分配情况的原始凭证。这类凭证大都是内部自制凭证，如工资单、工资费用汇总表、折旧费用分配表、制造费用分配表、产品成本计算单等。

（4）购销业务凭证。它是指记录材料物品采购或劳务供应、产成品（商品）或劳务销售情况的原始凭证，可以为外来原始凭证，也可以为自制原始凭证，如提货单、发货单、交款单、运费单据等。

（5）固定资产业务凭证。它是指记录固定资产购置、调拨、报废、盘盈、盘亏业务的原始凭证，如固定资产调拨单、固定资产移交清册、固定资产报废单和盘盈、盘亏报告单等。

（6）转账业务凭证。它是指会计期间终了，为了结平收入和支出等账户，计算并结转成本、利润等，由会计人员根据会计账簿记录整理制作的原始凭证。这类凭证一般无固定格式，但需要注明制证人并由会计主管签章。

4.2.2　原始凭证的内容

原始凭证种类繁多，来源广泛，形式各异。为了能够客观反映经济业务的发生或完成情况，表明经济业务的性质，明确有关单位和人员的经济责任等，《会计基础工作规范》第 48 条规定，原始凭证必须具备以下基本要素：

（1）凭证的名称；

（2）填制凭证的日期；

（3）填制凭证单位的名称或者填制人的姓名；

（4）经办人员的签名或者盖章；

（5）接受凭证单位名称；

（6）经济业务内容；

（7）数量、单价和金额。

实际工作中，根据经营管理和特殊业务的需要，除上述基本内容外，可以增加必要的内容。对于不同单位经常发生的共同性经济业务，有关部门可以制定统一的凭证格式。如人民银行统一制定的银行转账结算凭证，上面标明了结算双方单位名称、账号等内容；铁路部门统一制定的铁路运单，上面标明了发货单位、收货单位、提货方式等内容。

4.2.3 原始凭证的填制

1. 原始凭证填制的基本要求

（1）真实可靠，即如实填列经济业务内容，不弄虚作假，不涂改、挖补。

（2）内容完整，即应该填写的项目要逐项填写（接受凭证方应注意逐项验明），不可缺漏。尤其需要注意的是，年、月、日要按照填制原始凭证的实际日期填写；名称要写全，不能简化；品名或用途要填写明确，不能含糊不清；有关人员的签章必须齐全。

（3）填制及时，即每当一项经济业务发生或完成时，都要立即填制原始凭证，做到不积压、不误时、不事后补制。

（4）书写清楚，即字迹端正、易于辨认，做到数字书写符合会计上的技术要求，文字工整，不潦草、不散乱、不"造"；复写的凭证，要不串格、不串行、不模糊。

（5）顺序使用，即收付款项或实物的凭证要按顺序或分类编号，在填制时按照编号的次序使用，跳号的凭证应加盖"作废"戳记，不得撕毁。

2. 原始凭证填制的附加要求

（1）从外单位取得的原始凭证，必须盖有填制单位的公章；从个人取得的原始凭证，必须有填制人员的签名或者盖章。自制原始凭证必须有经办部门负责人或其指定的人员的签名或者盖章。对外开出的原始凭证，必须加盖本单位的公章。公章是具有法律效力和规定用途，能够证明单位身份和性质的印鉴，如业务公章、财务专用章、发票专用章、收款专用章或结算专用章等。

（2）凡填有大写和小写金额的原始凭证，大写与小写的金额必须相符。

（3）购买实物的原始凭证，必须有验收证明。实物购入以后，要按照规定办理验收手续，这有利于明确经济责任，保证账实相符，防止盲目采购，避免物资短缺和流失。实物验收工作应由有关人员负责办理，会计人员通过有关的原始凭证进行监督检查。需要入库的实物，必须填写入库验收单，由仓库保管人员按照采购计划或供货合同验证后，在入库验收单上如实填写实收数额，并签名或盖章。不需要入库的实物，由经办人员在凭证上签名或盖章以后，必须交由实物保管人员或使用人员进行验收，并由实物保管人员或使用人员在凭证上签名或盖章。经过购买人以外的第三者查证核实以后，会计人员才能据此报销付款并做进一步的会计处理。

（4）一式几联的原始凭证，必须注明各联的用途，并且只能以一联用作报销凭证；一式几联的发票和收据，必须用双面复写纸套写，或本身具备复写功能，并连续编号，作废时应加盖"作废"戳记，连同存根一起保存。

（5）发生销货退回及退还货款时，必须填制退货发票，附有退货验收证明和对方单位的收款收据，不得以退货发票代替收据。如果情况特殊，可先用银行的有关凭证，如汇款回单等，作为临时收据，待收到收款单位的收款证明以后，再将其附在原付款凭证之后，作为正式原始凭证。在实际工作中，有的单位发生销货退回时，对收到的退货没有验收证明，造成退货流失；办理退款时，仅以所开出的红字发票的副本作为本单位退款的原始凭证，既不经过对方单位盖章收讫，也不附对方单位的收款收据。这种做法漏洞很大，容易发生舞弊行为，应该予以纠正。

（6）职工公出借款的收据，必须附在记账凭证之后。职工公出借款时，应由本人按照规定填制借款单，由所在单位负责人或其指定的人员审核，并签名或盖章，然后办理借款。借款收据是此项借款业务的原始凭证，是办理有关会计手续、进行相应会计核算的依据。在收回借款时，应当另开收据或者退还借款收据的副本，不得退还原借款收据。因为借款和收回借款虽有联系，但又有区别，在会计上需要分别进行处理，如果将原借款收据退还给了借款人，就会损害会计资料的完整性，使其中一项业务的会计处理失去依据。

（7）经上级有关部门批准的经济业务，应当将批准文件作为原始凭证附件。如果批准文件需要单独归档，应当在凭证上注明批准机关名称、日期和文件字号。

（8）发现原始凭证有错误的，应当由开出单位重开或者更正，在更正处应当加盖开出单位的公章。

4.2.4　原始凭证的审核

1. 原始凭证审核的内容

为了如实反映经济业务的发生和完成情况，充分发挥会计的监督职能，保证会计信息的真实性、可靠性和正确性，会计机构、会计人员必须对原始凭证进行严格审核。具体审核内容包括以下几点。

（1）审核原始凭证的真实性。原始凭证作为会计信息的基本信息源，其真实性对会计信息的质量具有至关重要的影响。其真实性的审核包括对凭证日期是否真实、业务内容是否真实、数据是否真实等内容的审查。对外来原始凭证，必须有填制单位公章和填制人员签章；对自制原始凭证，必须有经办部门和经办人员的签名或盖章。此外，对通用原始凭证，还应审核凭证本身的真实性，以防假冒。

（2）审核原始凭证的合法性。审核原始凭证所记录的经济业务是否有违反国家法律法规的情况，是否履行了规定的凭证传递和审核程序，是否有贪污腐化等行为。

（3）审核原始凭证的合理性。审核原始凭证所记录的经济业务是否符合企业生产经营活动的需要、是否符合有关的计划和预算等。

（4）审核原始凭证的完整性。审核原始凭证各项基本要素是否齐全，是否有漏项情况，日期是否完整，数字是否清晰，文字是否工整，有关人员签章是否齐全，凭证联次是否正确等。

（5）审核原始凭证的正确性。审核原始凭证各项金额的计算及填写是否正确，包括阿拉伯数字分位填写，不得连写；小写金额前要标明"￥"字样，中间不能留有空位；大写金额前要加"人民币"字样，大写金额与小写金额要相符；凭证中有书写错误的，应采用正确的方法更正，不能采用涂改、刮擦、挖补等不正确方法更正。

（6）审核原始凭证的及时性。原始凭证的及时性是保证会计信息及时性的基础，为此要求在经济业务发生或完成时及时填制有关原始凭证，及时进行凭证的传递。审核时应注意审查凭证的填制日期，尤其是对于支票、银行汇票、银行本票等时效性较强的原始凭证，更应仔细验证其签发日期。

2. 经审核原始凭证的处理

原始凭证的审核是一项十分重要、严肃的工作，对经审核的原始凭证应根据不同情况做如下处理：

（1）对于完全符合要求的原始凭证，应及时据以编制记账凭证入账；

（2）对于真实、合法、合理但内容不够完整、填写有错误的原始凭证，应退回给有关经办人员，由其负责将有关凭证补充完整、更正错误或重开后再办理正式会计手续；

（3）对于不真实、不合法的原始凭证，会计机构、会计人员有权不予接受，并向单位负责人报告。

4.2.5 几种常用原始凭证填制举例

1. 收料单的填制

收料单为自制原始凭证，是在外购的材料物资验收入库时填制的凭证，一般一式三联，一联验收人员留底，一联交仓库保管人员据以登记明细账，一联连同发票交财会部门办理结算。收料单的样式如表 4-2 所示。

表 4-2 收料单

材料类别：　　　　　　年　　　月　　　日　　　　　　　　　第　　　号

供应单位	材料名称	编号	规格	单位	数量	单价	金额	合同数量
	保管仓库号：		合计					
备注：								

仓库保管员：（签章）　　送货员：（签章）　　检验员：（签章）　　仓库主管：（签章）

2. 领料单的填制

领料单也为自制原始凭证。为了便于分类汇总，领料单要"一料一单"地填制，即一种原材料填写一张单据。领用原材料需经领料车间负责人批准后，方可填制领料单；领料车间负责人、领料人、仓库管理员和发料人均需在领料单中签章，无签章或签章不全的均属无效，不能作为记账的依据。领料单的样式如表 4-3 所示。

表4-3 领料单

领料单位： 凭证编号：

用途： 年 月 日 发料仓库：

材料编号	材料名称	规格	计量单位	数量		单位成本	金额	备注
				请领	实发			

仓库主管： 发料人： 领料单位负责人： 领料人：

3. 限额领料单的填制

限额领料单是一种一次开设、多次使用、领用限额已定的累计凭证。在有效期（比如最长1个月）内，只要领用数量累计不超过限额就可以连续使用。

每月开始以前，应由供应部门根据生产计划、材料消耗定额等有关资料，按照产品和材料分别填制限额领料单。在限额领料单中，要填明领料单位、材料用途、发料仓库、材料名称以及根据本月产品计划产量和材料消耗定额计算确定的全月领料限额等项目。限额领料单一般一式两联，经生产计划部门和供应部门负责人审核签章后，一联送交仓库据以发料，登记材料明细账；一联送交领料单位据以领料。限额领料单的样式如表4-4所示。

表4-4 限额领料单

领料部门：生产车间 发料仓库：2号

用 途：B产品生产 20××年2月 编 号：008

材料类别	材料编号	材料名称及规格	计量单位	领料限额	实际领用	单位	金额	备注
型钢	0348	圆钢10mm	千克	500	480	4.40	2112	
日期	请领		实发			限额结余	退库	
	数量	签单	数量	发料人	领料人		数量	退库单
2月3日	200		200	姜同	王立	300		
2月12日	100		100	姜同	王立	200		
2月20日	180		180			20		
合计	480		480			20		

供应部门负责人： 李微 生产计划部门负责人： 佟伟 仓库负责人： 刘俊

4. 增值税专用发票的填制

增值税专用发票是纳税人于销售货物时开具的销货发票，一式四联，销货单位和购货单位各两联。其中留销货单位的两联，一联存有关业务部门，一联作为会计机构的记账凭证；交购货单位的两联，一联作为购货单位的结算凭证，一联作为税款抵扣凭证。

增值税专用发票的样式如表 4-5 所示。

表 4-5　增值税专用发票

5. 发料凭证汇总表的填制

工业企业在生产过程中领发材料比较频繁，业务量大，同类凭证也较多。为了简化核算手续，需要编制发料凭证汇总表。根据业务量的大小，企业可 5 天、10 天、15 天或 1 个月汇总编制一次发料凭证汇总表。汇总时，要根据实际成本（或计划成本）计价的发料凭证、领料部门以及材料用途分类进行。发料凭证汇总表的样式如表 4-6 所示。

表4-6　发料凭证汇总表

年　　　　月　　　　日

部门：　　　　　　　　　　　　　　　　　　　　　　　　　　　　单位：

材料	用途1	用途2	……	……	……	用途n
数　量						
计划单价						
计划成本						
成本差异						
实际成本						
数　量						
计划单价						
计划成本						
成本差异						
实际成本						
数　量						
计划单价						
计划成本						
成本差异						
实际成本						
数　量						
计划单价						
计划成本						
成本差异						
实际成本						

续表

材料	用途 1	用途 2	……	……	……	用途 n
数　量						
计划单价						
计划成本						
成本差异						
实际成本						
合　计						

6. 商品验收单的填制

商品验收单是商业企业购进商品验收入库的凭证。在商品到达企业后，业务部门应将发货票与经济合同进行核对，无误后再填制商品验收单，验收单一式四联，交仓库或实物负责人验收商品。商品验收后，应在商品验收单上加盖"收货"戳记，然后分送业务、财会、统计等部门据以办理货款结算、记账和登记等手续。

企业商品验收单的样式如表 4-7 所示。

表 4-7　××企业商品验收单

供应商：　　　　　　入库仓库：　　　入库时间：　　　年　　　月　　　日

序号	货物名称	品牌产地	规格型号	配置是否正确	数量是否正确	安装调试是否正常	是否有保修卡	是否收到发票	备注
1									
2									
3									
4									
5									
6									

验收部门（公章）：　　　　　　验收人签字：　　　　　　收货日期：

7. 职工薪酬计算表的填制

职工薪酬是指企业为获得职工提供的服务而给予各种形式的报酬以及其他相关支出，包括职工在职期间和离职后提供给职工的全部货币性薪酬和非货币性福利。企业提供给职工配偶、子女或其他被赡养人的福利等，也属于职工薪酬。

职工薪酬计算表的样式如表 4-8 所示。

表 4-8 职工薪酬计算表

部门：　　　　　　　年 月 日　　　　　　　单位：元

人员类别	人数	应 发 数							代 扣 款									实发工资
		基本工资	绩效工资	津贴	加班工资	奖金	扣缺勤工资	应发工资	医疗保险金	养老保险金	失业保险金	住房公积金	工会经费	水电费	个人所得税	其他	小计	

制单：　　　　　　　　　　　　　　审核：

4.3　记账凭证的内容、类别、填制与审核

4.3.1　记账凭证的内容

记账凭证，在会计实务工作中也称为传票，是指对经济业务按其性质加以归类，确定会计分录，并据以登记会计账簿的凭证。《会计基础工作规范》第50条规定："会计机构、会计人员要根据审核无误的原始凭证填制记账凭证。"

记账凭证作为登记账簿的依据，因其所反映的经济业务的内容不同、各单位规模大小及其对会计核算繁简程度的要求不同，其格式亦有所不同。但为了满足记账的基本要求，记账凭证应具备一些必备的内容。《会计基础工作规范》第51条规定，记账凭证必须具备下列内容要素：

（1）填制凭证的日期；

（2）凭证的名称和编号；

（3）经济业务的摘要；

（4）会计科目（包括总账科目和明细科目）、方向及金额；

（5）记账符号；

（6）所附原始凭证的张数；

（7）填制人员、稽核人员、记账人员、会计机构负责人和会计主管人员（收款凭证和付款凭证还应增加出纳人员）的签名或盖章。

4.3.2　记账凭证的类别

1. 按照内容分类

记账凭证按其所反映的经济内容不同，一般分为收款凭证、付款凭证和转账凭证。

（1）收款凭证。它是指用于记录现金和银行存款收款业务的会计凭证。收

款凭证根据有关现金和银行存款收入业务的原始凭证填制，是登记现金日记账、银行存款日记账以及有关明细账和总账等账簿的依据，也是出纳人员收讫款项的依据。

（2）付款凭证。它是指用于记录现金和银行存款付款业务的会计凭证。付款凭证根据有关现金和银行存款的支付凭证填制，是登记现金日记账、银行存款日记账以及有关明细账和总账等账簿的依据，也是出纳人员支付款项的依据。

（3）转账凭证。它是指用于记录不涉及现金和银行存款业务的会计凭证。转账凭证根据有关转账业务的原始凭证填制，是登记有关明细账和总账等账簿的依据。

收款凭证、付款凭证、转账凭证的划分，有利于区别不同经济业务进行分类管理，有利于经济业务的检查，但工作量较大，适用于规模较大、收付款业务较多的单位。对于经济业务较简单、规模较小、收付款业务较少的单位，还可采用通用记账凭证来记录所有经济业务。这时，记账凭证不再区分收款、付款及转账业务，而将所有经济业务统一编号，在同一格式的凭证中进行记录。通用记账凭证的格式与转账凭证的格式基本相同。

2. 按照填列方式分类

记账凭证按照填列方式的不同，又可分为复式记账凭证、单式记账凭证和汇总记账凭证。

（1）复式记账凭证。它是将每一笔经济业务所涉及的全部会计科目及其发生额均在同一张记账凭证中反映的一种凭证。它是实际工作中应用最普遍的记账凭证。上述收款凭证、付款凭证和转账凭证，以及通用记账凭证均为复式记账凭证。复式记账凭证全面反映了经济业务的账户对应关系，有利于检查会计分录的正确性，但不便于会计岗位上的分工记账。

（2）单式记账凭证。它是指每一张记账凭证只填列经济业务所涉及的一个会计科目及其金额的记账凭证。填列借方科目的称为借项凭证，填列贷方科目的称为贷项凭证。某项经济业务涉及几个会计科目，就编制几张单式记账凭证。单式记账凭证反映内容单一，便于分工记账，便于按会计科目汇总，但一张凭证不能反映每一笔经济业务的全貌，不便于检验会计分录的正确性。由于单式记账凭证的使用范围较窄，以下不再做专门介绍。

（3）汇总记账凭证。它是将许多同类记账凭证逐日或定期（3天、5天、

10天等）加以汇总后填制的凭证。如将收款凭证、付款凭证或转账凭证按一定的时间间隔分别汇总，编制汇总收款凭证、汇总付款凭证或汇总转账凭证；又如，将一段时间的记账凭证按相同会计科目的借方和贷方分别汇总，编制记账凭证汇总表等。

4.3.3　记账凭证的填制

1. 记账凭证填制的基本要求

（1）审核无误。要在对原始凭证审核无误的基础上填制记账凭证。这是内部牵制制度的一个重要环节。

（2）内容完整。记账凭证应该包括的内容都要填写完整。需要注意的是：以自制的原始凭证或者原始凭证汇总表代替记账凭证使用的，也必须具备记账凭证所应有的内容；记账凭证的日期，一般为编制记账凭证当天的日期。按权责发生制原则计算收益、分配费用、结转成本等调整分录和结账分录的记账凭证，虽然需要到下月才能编制，但仍应填写当月月末的日期，以便在当月的账内进行登记。

（3）分类正确。要根据经济业务的内容，正确区别不同类型的原始凭证，正确应用会计科目。在此基础上，记账凭证可以根据每一张原始凭证填制，或者根据若干张同类原始凭证汇总编制，也可以根据原始凭证汇总表填制，但不得将不同内容和类别的原始凭证汇总填制在一张记账凭证上。

（4）连续编号。记账凭证应当连续编号。这有利于分清会计事项处理的先后顺序，便于记账凭证与会计账簿之间的核对，确保记账凭证的完整。

2. 记账凭证填制的具体要求

（1）除结账和更正错误外，记账凭证必须附有原始凭证并注明所附原始凭证的张数。所附原始凭证张数的计算，一般以原始凭证的自然张数为准。与记账凭证中的经济业务记录有关的每一张证据，都应当作为附件。如果记账凭证中附有原始凭证汇总表，则应该将所附的原始凭证和原始凭证汇总表的张数一起计入附件的张数之内。但报销差旅费等的零散票券，可以粘贴在一张纸上，作为一张原始凭证。一张原始凭证如涉及几张记账凭证的，可以将该原始凭证附在一张主要的记账凭证后面，在其他记账凭证上注明该主要记账凭证的编号或者附上该原始凭证的复印件。

（2）一张原始凭证所列的支出需要由两个及两个以上的单位共同负担时，应当由保存该原始凭证的单位开给其他应负担单位原始凭证分割单。原始凭证分割单必须具备原始凭证的基本内容，包括凭证的名称、填制凭证的日期、填制凭证单位的名称或填制人的姓名、经办人员的签名或盖章、接受凭证单位的名称、经济业务内容、数量、单价、金额和费用的分担情况等。

（3）记账凭证编号的方法有多种，可以按现金收付、银行存款收付和转账业务 3 类分别编号，也可以按现金收入、现金支出、银行存款收入、银行存款支出和转账 5 类进行编号，或者将转账业务按照具体内容再分成几类编号。各单位应当根据本单位业务繁简程度、人员多少和分工情况来选择便于记账、查账、内部稽核的简单严密的编号方法。无论采用哪一种编号方法，都应该按月顺序编号，即每月都从 1 号编起，顺序编至月末。一笔经济业务需要填制两张或者两张以上记账凭证的，可以采用分数编号法编号，如 1 号会计事项分录需要填制 3 张记账凭证，就可以编成 $1\frac{1}{3}$ 号、$1\frac{2}{3}$ 号、$1\frac{3}{3}$ 号。

（4）填制记账凭证时如果发生错误，应当重新填制。已经登记入账的记账凭证在当年内发现错误的，可以用红字注销法进行更正。在会计科目应用上没有错误，只是金额错误的情况下，也可以按正确数字同错误数字之间的差额，另编一张调整记账凭证。发现以前年度的记账凭证有错误时，应当用蓝字填制一张更正的记账凭证。

（5）实行会计电算化的单位，其机制记账凭证应当符合对记账凭证的一般要求，且会计人员应认真审核，做到会计科目使用正确，数字准确无误。打印出来的机制记账凭证上，要有制单人员、审核人员、记账人员和会计主管人员印章或者签字，以明确责任。

（6）在记账凭证中填制完经济业务事项后，如有空行，应当自金额栏最后一笔金额数字下的空行处至合计数上的空行处画线注销。

（7）正确编制会计分录并保证借贷平衡。必须根据国家统一会计制度的规定和经济业务的内容，正确使用会计科目和编制会计分录，记账凭证借、贷方的金额必须相等，合计数必须计算正确。

（8）摘要应与原始凭证内容一致，能正确反映经济业务的主要内容，表述简短精练。应能使阅读的人通过摘要就能了解该项经济业务的性质、特征，判断出会计分录正确与否，一般不必再去翻阅原始凭证或询问有关人员。

（9）只涉及现金和银行存款之间收入或付出的经济业务，应以付款业务为主，只填制付款凭证，不填制收款凭证，以免重复。

4.3.4　记账凭证的审核

为了保证会计信息的质量，在记账之前应由有关稽核人员对记账凭证进行严格的审核，其审核的内容主要包括以下几点。

（1）内容是否真实。审核记账凭证是否有原始凭证为依据，所附原始凭证的内容与记账凭证的内容是否一致，记账凭证汇总表的内容与其所依据的记账凭证的内容是否一致等。

（2）项目是否齐全。审核记账凭证各项目，如日期、凭证编号、摘要、会计科目、金额、所附原始凭证张数及有关人员签章等的填写是否齐全。

（3）科目是否正确。审核记账凭证的应借、应贷科目是否正确，是否有明确的账户对应关系，所使用的会计科目是否符合国家统一的会计制度的规定等。

（4）金额是否正确。审核记账凭证所记录的金额与原始凭证的有关金额是否一致，计算是否正确，记账凭证汇总表的金额与记账凭证的金额合计是否相符等。

（5）书写是否正确。审核记账凭证中的记录文字是否工整，数字是否清晰，是否按规定进行更正等。

此外，出纳人员在办理收款或付款业务后，应在凭证上加盖"收讫"或"付讫"的戳记，以避免重收重付。

4.3.5　常用记账凭证填制举例

1. 专用记账凭证的填制

（1）收款凭证。收款凭证是用来记录现金和银行存款收款业务的记账凭证，它是根据有关现金和银行存款收款业务的原始凭证填制的。收款凭证还可以分为现金收款凭证和银行存款收款凭证两种。收款凭证左上角的借方科目固定为"库存现金"或"银行存款"科目，其对应科目填写在贷方科目栏中，其格式如表4-9所示。

表 4-9　专用收款凭证格式

收款凭证

借方科目：　　　　　　　　　年　　　月　　　日　　　　　　　收字第　　号

摘　要	贷方科目		√	金　额
	总账科目	明细科目		
合　计				

会计主管：　　　　　　记账：　　　　　　出纳：　　　　　　填制：

（2）付款凭证。付款凭证是用来记录现金和银行存款付款业务的记账凭证，它是根据现金和银行存款付款业务的原始凭证填制的。付款凭证也可以分为现金付款凭证和银行存款付款凭证两种。付款凭证左上角的贷方科目也固定为"库存现金"或"银行存款"科目，其对应科目填写在借方科目栏中，其格式如表 4-10 所示。

表 4-10　　专用付款凭证格式

付款凭证

贷方科目：　　　　　　　　　年　　　月　　　日　　　　　　　付字第　　号

摘　要	借方科目		√	金　额
	总账科目	明细科目		
合　计				

会计主管：　　　　　　记账：　　　　　　出纳：　　　　　　填制：

（3）转账凭证。转账凭证是用来记录不涉及现金和银行存款收付业务的记账凭证，它是根据现金和银行存款收付业务以外的转账业务的原始凭证填制的。其格式如表 4-11 所示。

表 4-11　专用转账凭证格式

转账凭证

年　　　月　　　日　　　　　　转字第　　号

摘　要	总账科目	明细科目	√	借方金额	√	贷方金额
合　计						

会计主管：　　　　记账：　　　　　审核：　　　　　　填制：

2. 通用记账凭证的填制

通用记账凭证的名称为"记账凭证"或"记账凭单"。它集收款、付款和转账凭证于一身，通用于收款、付款和转账等各种类型的经济业务。其格式及填制方法与转账凭证的基本相同。其格式如表 4-12 所示。

表 4-12　通用记账凭证格式

记 账 凭 证

年　　　月　　　日　　　第＿＿＿＿＿＿号

摘要	会计科目	借方金额										贷方金额										账页或√
		千	百	十	万	千	百	十	元	角	分	千	百	十	万	千	百	十	元	角	分	
合计																						

会计主管：　　　　记账：　　　　　审核：　　　　　　制单：

3. 汇总记账凭证的填制

（1）汇总收款凭证的填制。汇总收款凭证根据现金或银行存款的收款凭证，按现金或银行存款科目的借方分别设置，并按贷方科目加以归类汇总，定期（5 天或 10 天）填列一次，每月编制一张。月份终了，计算出汇总收款凭证的合计数后，分别登记现金或银行存款总账的借方，以及各个对应账户的贷方。其格式如表 4–13 所示。

表 4–13　汇总收款凭证格式

汇总收款凭证

借方科目：　　　　　　　　年　　月　　　　　　　汇收第　　　　　　号

贷方科目	金额				总账页数	
	1—10 日 凭证号 ××—××	11—20 日 凭证号 ××—××	21—30 日 凭证号 ××—××	合计	借方	贷方

会计主管：　　　记账：　　　　审核：　　　　制表：

（2）汇总付款凭证的填制。汇总付款凭证根据现金或银行存款的付款凭证，按现金或银行存款科目的贷方分别设置，并按借方科目加以归类汇总，定期（5 天或 10 天）填列一次，每月编制一张。月份终了，计算出汇总付款凭证的合计数后，分别登记现金或银行存款总账的贷方，以及各个对应账户的借方。其格式如表 4–14 所示。

表 4–14　汇总付款凭证格式

汇总付款凭证

贷方科目：　　　　　　　　年　　月　　　　　　　汇付第　　　　　　号

借方科目	金　额				总账页数	
	1—10 日 凭证号 ××—××	11—20 日 凭证号 ××—××	21—30 日 凭证号 ××—××	合计	借方	贷方

会计主管：　　　记账：　　　　审核：　　　　制表：

（3）汇总转账凭证的填制。汇总转账凭证根据转账凭证按每个科目的贷方分别设置，并按对应的借方科目归类汇总，定期（5天或10天）填列一次，每月编制一张。月份终了，计算出汇总转账凭证的合计数后，分别登记各有关总账的贷方或借方。汇总转账凭证格式如表4-15所示。

表4-15　汇总转账凭证格式

汇总转账凭证

贷方科目：　　　　　年　　　月　　　　　　　　　　　　汇转第　　号

借方科目	金　　额				总账页数	
	1—10日 凭证号××—××	11—20日 凭证号××—××	21—30日 凭证号××—××	合计	借方	贷方

会计主管：　　　　记账：　　　　　审核：　　　　　制表：

（4）记账凭证汇总表的填制。记账凭证汇总表又名科目汇总表，是根据一定时期内的全部记账凭证，整理、汇总各账户的借方、贷方发生额，并据以登记总账的一种汇总性记账凭证。记账凭证汇总表不能反映账户之间的对应关系。根据记账凭证逐笔登记总账，如果工作量很大，可以填制记账凭证汇总表，然后根据记账凭证汇总表再来登记总账。填制方法一般如下。

①填写记账凭证汇总表的日期、编号和会计科目名称。编号一般按年顺序编列，会计科目名称的排列应与总账科目的序号保持一致。

②将需要汇总的记账凭证，按照相同的会计科目名称进行归类。

③将相同会计科目的本期借方发生额和贷方发生额分别加总，求出合计金额。

④将每一会计科目的合计金额填入相关栏目。

⑤结计记账凭证汇总表的本期借方发生额和本期贷方发生额合计数，双方合计数应相等。

记账凭证汇总表格式如表4-16所示。

表 4-16 记账凭证汇总表格式

记账凭证汇总表

年　　　月　　　日　　　　　　　　　　　　第　　　号

借方金额	√	会计科目	贷方金额	√

会计主管：　　　　　　记账：　　　　　审核：　　　　　制表：

4.4　会计凭证的传递与保管

4.4.1　会计凭证的传递

会计凭证的传递是指从会计凭证的取得或填制至归档保管过程中，在单位内部有关部门和人员之间的传送程序。会计凭证的传递是会计核算得以正常、有效进行的前提。会计凭证的传递，要求能够满足内部控制制度的要求，使传递程序合理有效，同时尽量节约传递时间，减少传递的工作量。

根据企业生产组织特点、经济业务的内容和管理要求不同，其会计凭证的传递方式也有所不同。为此，企业应根据具体情况制定每一种凭证的传递程序和方法。例如，收料单的传递中应规定：材料到达企业后多长时间内验收入库，收料单由谁填制，一式几联，各联次的用途是什么，何时传递到会计部门，会计部门由谁负责收料单的审核工作，由谁据以编制记账凭证、登记账簿、整理归档等。会计凭证的传递是否科学、严密、有效，对于加强企业内部管理，提高会计信息的质量具有重要的影响。

《会计基础工作规范》第 54 条规定："各单位会计凭证的传递程序应当科学、合理，具体办法由各单位根据会计业务需要自行规定。"会计凭证的传递是会计核算得以正常、有效进行的前提，科学合理的传递程序应能保证会计凭证在传递过程中的安全、及时、准确和完整。在确定传递程序时，应该结合本单位的具体情况，如核算工作量的大小、机构及职责设置的繁简、会计内部分工及职能分割的粗细等进行。要反对无序传递，也要注意防止形式化。只做表面文章，对提高和保证会计核算的质量是不会有实际作用的。

4.4.2　会计凭证的保管

《会计基础工作规范》第55条规定："会计机构、会计人员要妥善保管会计凭证。"其中对会计凭证的保管的每个环节规定得十分具体。

（1）会计凭证应当及时传递，不得积压。

（2）会计凭证登记完毕后，应当按照分类和编号顺序保管，不得散乱丢失。

（3）记账凭证应当连同所附的原始凭证或者原始凭证汇总表，按照编号顺序，折叠整齐，按期装订成册，并加具封面，注明单位名称、年度、月份和起讫日期、凭证种类、起讫号码，由装订人在装订线封签外签名或者盖章。

对于数量过多的原始凭证，可以单独装订保管，在封面上注明记账凭证日期、编号、种类，同时在记账凭证上注明"附件另订"和原始凭证名称及编号。

各种经济合同、存出保证金收据以及涉外文件等重要原始凭证，应当另编目录，单独登记保管，并在有关的记账凭证和原始凭证上相互注明日期和编号。

（4）原始凭证不得外借，其他单位如因特殊原因需要使用原始凭证时，经本单位会计机构负责人、会计主管人员批准，可以复制。向外单位提供的原始凭证复制件，应当在专设的登记簿上登记，并由提供人员和收取人员共同签名或者盖章。

（5）从外单位取得的原始凭证如有遗失，应当取得原开出单位盖有公章的证明，并注明原来凭证的号码、金额和内容等，由经办单位会计机构负责人、会计主管人员和单位领导人批准后，才能代作原始凭证。如果确实无法取得证明的，如火车、轮船、飞机票等凭证，则由当事人写出详细情况，由经办单位会计机构负责人、会计主管人员和单位领导人批准后，代作原始凭证。

会计凭证的保管是指会计凭证记账后的整理、装订、归档和存查工作。会计凭证作为记账的依据，是重要的会计档案和经济资料。本单位以及有关部门、单位，可能因各种需要查阅会计凭证，特别是发生贪污、盗窃、违法乱纪行为时，会计凭证还是依法处理的有效证据。因此，任何单位在完成经济业务手续和记账之后，都必须将会计凭证按规定的立卷归档制度形成会计档案资料，妥善保管，防止丢失，不得任意销毁，以便于日后随时查阅。

对会计凭证的保管，既要做到完整无缺，又要便于翻阅查找。其中要注意以下几点。

（1）会计凭证应定期装订成册，防止散失。会计部门在依据会计凭证记账以后，应定期（每天、每旬或每月）对各种会计凭证进行分类整理，将各种记账凭证按照编号顺序，连同所附的原始凭证一起加具封面、封底，装订成册，并在装订线上加贴封签，由装订人员在装订线封签处签名或盖章。

从外单位取得的原始凭证遗失时，应取得原签发单位盖有公章的证明，并注明原始凭证的号码、金额、内容等，由经办单位会计机构负责人、会计主管人员和单位负责人批准后，才能代作原始凭证。确实无法取得证明的，如车票丢失，则应由当事人写明详细情况，由经办单位会计机构负责人、会计主管人员和单位负责人批准后，代作原始凭证。

（2）会计凭证封面应注明单位名称、凭证名称、凭证张数、起止号数、年度、月份、会计主管人员、装订人员等有关事项，会计主管人员和保管人员应在封面上签章。会计凭证封面的一般格式如图 4-1 所示。

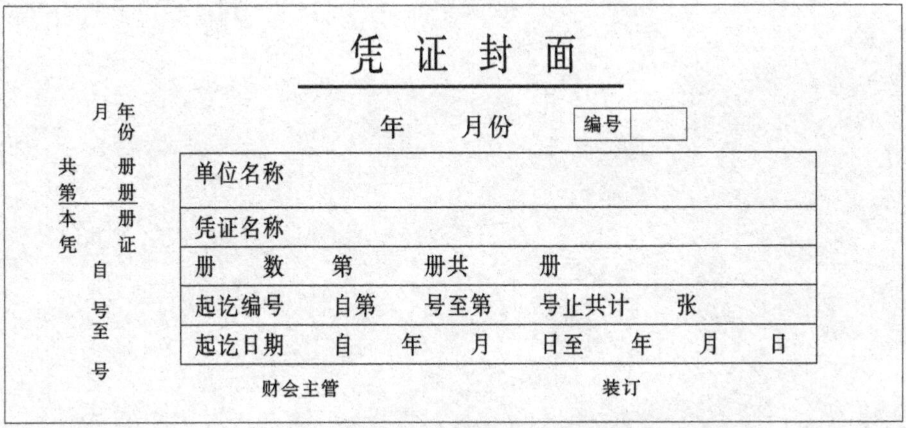

图 4-1 会计凭证封面的一般格式

（3）会计凭证应加贴封条，防止抽换凭证。原始凭证不得外借，其他单位如有特殊原因确实需要使用时，可以复制。向外单位提供的原始凭证复制件，应在专设的登记簿上登记，并由提供人员和收取人员共同签名、盖章。

（4）原始凭证较多时，可单独装订，但应在凭证封面注明所属记账凭证的日期、编号和种类，同时在所属的记账凭证上应注明"附件另订"及原始凭证的名称和编号，以便查阅。对各种重要的原始凭证，如押金收据、提货单等，以及各种需要随时查阅和退回的单据，应另编目录，单独保管，并在有关的记账凭证和原始凭证上分别注明日期和编号。

（5）每年装订成册的会计凭证，在年度终了时可暂由单位会计机构保管1年，期满后应当移交本单位档案机构统一保管；未设立档案机构的，应当在会计机构内部指定专人保管。出纳人员不得兼管会计档案。

（6）严格遵守会计凭证的保管期限要求，期满前不得任意销毁。有关会计凭证保管要求详见第8章的相关内容。

第 5 章
会计核算的中心环节：登记会计账簿

5.1　会计账簿的设置

《会计法》第 3 条规定："各单位必须依法设置会计账簿，并保证其真实、完整。"《会计基础工作规范》第 56 条规定："各单位应当按照国家统一会计制度的规定和会计业务的需要设置会计账簿。"这是对《会计法》第 3 条规定的重申，是会计账簿设置的总原则。根据这个原则，单位设置会计账簿首先应以国家统一会计制度为依据，因为会计制度对会计科目设置的规定，实际上也是对各个单位具体会计账簿设置的规定；其次，要从单位的业务需要出发，这种需要一般在根据国家统一会计制度设置单位的会计科目时体现出来，因而对会计账簿的设置产生间接影响，同时，这种需要还会在具体设置账簿时直接反映出来，如业务量的大小和单位内部经营管理的要求的影响等。

5.1.1　会计账簿的基本构成

《会计基础工作规范》第 56 条规定："会计账簿包括总账、明细账、日记账和其他辅助性账簿。"这是会计核算自身内在规律的要求。为了使各种散乱、繁杂的经济业务的信息或数据成为有用的会计信息，一个单位要通过不同种类的会计账簿对其全部经济业务信息或数据进行连续的、相互衔接的分类归集、整理和加工。这些账簿构成会计信息形成过程中的不同环节，为整个过程能达到预定的目标提供了实现的手段。

在实际工作中，账簿的格式是多种多样的，不同格式的账簿所包括的具体内容也不尽相同。但各种账簿都应具备以下基本要素。

（1）封面。封面主要标明账簿的名称，如总账、明细账、现金日记账、银行存款日记账等。

（2）扉页。扉页主要载明账簿启用和经管人员一览表（活页账、卡片账在装订成册后，填列账簿启用和经管人员一览表），其主要内容是：单位名称；账簿名称；起止页数；启用日期；单位负责人；会计主管人员；经管人员；移交人和移交日期；接管人和接管日期。

（3）账页。账页是账簿的主体。在每张账页上，应载明：账户名称（亦即会计科目或明细科目）；记账日期栏；记账凭证的种类和号数；摘要栏；金额栏；总页次和分页次。

5.1.2　总账的设置

总分类账簿简称总账。它是按照会计制度中规定的一级会计科目开设的，分类汇总反映各种资产、负债和所有者权益以及费用、成本和收入总括情况的账簿。总分类账在全面、总括地反映全部经济业务的同时，又能为编制会计报表提供依据，因而，任何会计主体都要设置总账。

总账一般都采用订本账，在一本或几本账簿中将全部总分类账户按会计科目的编号顺序分设，因此对每个账户应事先按业务量的大小预留若干账页。

总账一般只进行货币量度的核算，因此总账多使用三栏式账页，在账页中设置借方、贷方和余额 3 个金额栏，其格式及内容如表 5-1 所示。

表 5-1　总账格式

总账

会计科目及编号：

年		凭证		摘要	借方	贷方	借或贷	余额
月	日	字	号					

总账中的"借或贷"栏是指账户的余额是在借方还是在贷方。由于采用的会计核算程序不同，总账的登记方法和登记程序也不一样。它可以直接根据记账凭证，按经济业务发生的时间顺序逐笔登记；也可以根据科目汇总表登记；还可以根据汇总记账凭证按期或分次汇总登记。

5.1.3 日记账的设置

1. 普通日记账

普通日记账是用来序时地反映和逐笔记录全部经济业务的日记账。普通日记账也称分录簿，它由会计人员按照每天发生的经济业务的先后顺序，确定应借应贷的会计科目，编制会计分录，逐笔记入普通日记账的相应栏目，作为记入分类账的依据。其格式和内容如表 5-2 所示。

表 5-2 普通日记账格式

普通日记账

年		凭证		摘要	会计 科目	金额		账页	过账 符号
月	日	字	号			借方	贷方		

普通日记账的功能和作用只是把反映繁杂经济业务的每一张记账凭证的内容集中在一起，以便可以全面反映一个时期企业经济业务的全貌。但普通日记账不便于分工记录，也不能把各种经济业务进行分类反映，且根据普通日记账逐笔登记总账的工作量很大。所以，许多单位并不设置这种普通日记账，而是直接根据记账凭证登记分类账，以减少重复工作。

2. 特种日记账

特种日记账是将大量重复发生的同类经济业务集中在一本日记账中进行登记的账簿。最常见的特种日记账是现金日记账和银行存款日记账，其账页格式又分为三栏式和多栏式。

现金日记账是出纳人员根据现金收款凭证、现金付款凭证和银行存款付款凭证（记录从银行提取现金业务），按经济业务发生时间的先后顺序进行登记的账簿。

银行存款日记账是出纳人员根据银行收款凭证、银行付款凭证和现金付款凭证（记录现金存入银行的业务），按经济业务发生时间的先后顺序进行登记的账簿。

（1）三栏式日记账。

三栏式日记账是指账页的金额栏设借方、贷方、余额3栏，用来逐日逐笔登记现金或银行存款的增减变动情况的序时账。其格式及内容分别如表5-3、表5-4所示。

表5-3　现金日记账格式

现金日记账

年		凭证		摘要	对方科目	借方	贷方	余额
月	日	字	号					

表5-4　银行存款日记账格式

银行存款日记账

年		凭证		摘要	现金支票号数	转账支票号数	对方科目	借方	贷方	余额
月	日	字	号							

日期栏：登记记账凭证的日期，应与现金或银行存款实际收付日期一致。

凭证栏：登记入账的收付款凭证的种类和编号。

摘要栏：简要说明登记入账的经济业务的内容。

现金支票号数和转账支票号数栏：如果所记录的经济业务是以支票付款结算的，应填写相应的支票号数，以便与银行对账。

对方科目栏：登记现金或银行存款收入的来源科目、支出的用途科目。

借方、贷方、余额栏：现金日记账与银行存款日记账由出纳人员根据审核无误的收、付款凭证（现金日记账根据现金收、付款凭证和与现金有关的银行存款付款凭证登记；银行存款日记账根据银行存款收、付款凭证和与银行存款有关的现金付款凭证登记）逐日逐笔登记。每日的现金或银行存款收付业务登记完毕后，应当各自结算出当日收入、支出合计数，并结出余额，做到"日清"。每月末同样计算现金或银行存款各自的收入、支出合计数，并结出余额，这种做法通常被称作"月结"。

现金日记账的每日结存余额，应与库存现金的实有数核对相符；银行存款日记账的每日结存余额，应定期与银行对账单核对相符，每月至少要核对一次，并通过编制银行存款余额调节表检查银行存款记录的正确性。如果一个单位按规定在银行开设了不同的银行存款账户，则应分别设置银行存款日记账。现金日记账和银行存款日记账，还应定期与会计人员登记的现金总账和银行存款总账核对相符。

（2）多栏式日记账。

多栏式日记账是在三栏式日记账的基础上发展起来的，即在日记账账页中，按对应科目设置若干专栏，逐日逐笔登记现金或银行存款收付业务的序时账。

多栏式日记账的借方和贷方都是多栏设置的，可以将其列入一个账簿中，但账簿的账页就会太长，实际工作中不便于操作。所以分别设置两本日记账，即现金（或银行存款）收入日记账和现金（或银行存款）支出日记账，其格式分别如表 5-5、表 5-6 所示。

表 5-5　现金收入日记账（多栏式）格式

现金收入日记账（多栏式）

年		凭证		摘要	贷方科目					支出合计	余额
月	日	字	号		银行存款	……	其他应付款	……	收入合计		

表 5-6　现金支出日记账（多栏式）格式

现金支出日记账（多栏式）

年		凭证		摘要	借方科目				支出合计
月	日	字	号		银行存款	……	其他应收款	……	

多栏式日记账填制方法的基本原理和三栏式日记账的一样，区别是现金收入和现金支出反映在两本账上。根据现金付款凭证登记现金支出日记账，将逐日结出的现金支出总数登记在支出合计栏内，同时将现金支出日记账上支出合计数转记到现金收入日记账上。根据现金收入凭证登记现金收入日记账，将逐日结出的现金收入总数登记在收入合计栏内，同时按"上期结存＋本期收入－本期支出＝本期结存"的计算公式，结出当天的结存余额，与现金实存数核对相符。

多栏式的银行存款收入日记账与银行存款支出日记账的格式和登记方法，同现金日记账的基本相似，这里不重复介绍。

多栏式日记账可以反映某一类经济业务的来龙去脉，又设有若干专栏，使每笔经济业务的借贷关系非常明确；同时月末还可根据合计数一次记入总账，减少了登记总账的工作量。但因其设置了若干专栏，账页的篇幅可能过长，因此多栏式日记账主要适用于规模较大、财会人员较多的企业。

5.1.4 明细账的设置

明细分类账简称明细账。它是根据经营管理的实际需要，按照某些一级会计科目所属的明细科目，分类、连续地记录和反映有关资产、负债和所有者权益以及收入、费用和成本的增减变动等详细情况的账簿。

设置和运用明细账，能够详细地反映资金循环和收支的具体情况，有利于加强资金的管理和使用，并可为编制会计报表提供必要的资料。所以各会计主体在设置总账的基础上，还要根据经营管理的需要，设置若干必要的明细账，以形成既能提供经济活动的总括情况，又能提供具体详细情况的账簿体系。

明细账的通用格式有 3 种：三栏式明细账、数量金额式明细账和多栏式明细账。

1. 三栏式明细账

三栏式明细账的账页格式与三栏式总账的相同，只设置借方、贷方和余额 3 个金额栏。它主要适用于只要求提供价值指标的账户，如短期借款、应收账款、长期股权投资、应付账款、实收资本等科目的明细核算。其账页格式及内容（以应收账款明细账为例）如表 5-7 所示。

表 5-7　应收账款明细账格式

应收账款明细账

购货单位名称：　　　　　　　　　　　　　　　　　　　　第　　页

年		凭证		摘要	借方	贷方	借或贷	余额
月	日	字	号					

2．数量金额式明细账

数量金额式明细账的账页格式是在收入、发出、结存三栏下，再分别设数量、单价和金额栏。它主要适用于既要提供价值指标，又要提供数量指标的账户，如原材料、库存商品等科目的明细账。其格式及内容（以原材料明细账为例）如表 5-8 所示。

表 5-8　原材料明细账格式

原材料明细账

第　　页

类　　别：　　　　　　　计量单位：　　　　　　　仓库：
最高储量：　　　　　　　最低储量：　　　　　　　储备定额：
品　　名：　　　　　　　规　　格：　　　　　　　计划单价：

年		凭证		摘要	收入			发出			结存		
月	日	字	号		数量	单价	金额	数量	单价	金额	数量	单价	金额

3．多栏式明细账

多栏式明细账是根据经营管理的需要和经济业务的特点，在一张账页的借方栏或贷方栏下设置若干专栏，集中记录某一总账科目所属的各明细科目的内容。它主要适用于成本及损益类等经济业务的明细核算，如生产成本、主营业务成本、销售费用、管理费用、营业外支出、主营业务收入、营业外收入等科目的明细账。其格式及内容（以生产成本明细账和主营业务收入明细账为例）

分别如表5-9、表5-10所示。

表5-9 生产成本明细账格式

生产成本明细账

品种及规格：　　　　　计量单位：　　　　　　第　　页

年		凭证		摘要	借 方				贷方	余额
月	日	字	号		直接材料	直接人工	制造费用	合计		

表5-10 主营业务收入明细账格式

主营业务收入明细账

年		凭证		摘 要	借方	贷 方				余额
月	日	字	号			产品销售	加工收入	……	合计	

此外，为了适应固定资产、低值易耗品等明细核算的特殊要求，其明细分类核算的格式一般采用卡片式，具体格式可以自行设计。

明细账的登记，应根据会计主体业务量的大小、业务性质及管理要求选择不同的登记方法，可以直接根据原始凭证或原始凭证汇总表、记账凭证逐日逐笔登记或定期汇总登记。在月末将总账的余额与其所属的明细账的余额之和核对相符。有些会计科目，如涉及的经济业务内容单纯、发生次数较少，可以不设明细账。

5.1.5 会计账簿的启用

为了保证会计账簿记录的合法性和资料的完整性，明确记账责任，会计人员在启用账簿时，要填写账簿启用表。《会计基础工作规范》第 59 条规定："启用会计账簿时，应当在账簿封面上写明单位名称和账簿名称。在账簿扉页上应当附启用表，内容包括：启用日期、账簿页数、记账人员和会计机构负责人、会计主管人员姓名，并加盖名章和单位公章。记账人员或者会计机构负责人、会计主管人员调动工作时，应当注明交接日期、接办人员或者监交人员姓名，并由交接双方人员签名或者盖章。启用订本式账簿，应当从第一页到最后一页顺序编定页数，不得跳页、缺号。使用活页式账页，应当按账户顺序编号，并须定期装订成册。装订后再按实际使用的账页顺序编定页码。另加目录，记明每个账户的名称和页次。"

从以上的规定可以看出，账簿启用表的填写要求有以下几点。

（1）填写启用日期和启用账簿的起止页数。如启用的是订本式账簿，起止页数已经印好无须再填；如启用的是活页式账簿，起止页数可等到装订成册时再填。

（2）填写记账人员姓名和会计主管人员姓名并加盖印章，以示慎重和负责。

（3）加盖单位财务公章，以示严肃。

（4）当记账人员或会计主管人员工作变动时，应办好账簿移交手续，并在启用表上明确记录交接日期及接办人、监交人的姓名，并加盖公章。

账簿启用表的格式如表 5-11 所示。

表 5-11 账簿启用表格式

账簿启用表

单位名称		全宗号	
账簿名称		目录号	
账簿页数	自第　页起至第　页止 共　页	案宗号	
	盒号		
使用日期	自　年　月　日 至　年　月　日	保管 期限	

续表

单位负责人签章		会计主管人员签章			
经管人员职别	姓名	接管日期	签章	移交日期	签章
		年　月　日		年　月　日	
		年　月　日		年　月　日	

5.2 会计账簿的登记

5.2.1 登记会计账簿的要求

为了保证账簿记录、成本计算和会计报表不出现差错，登记账簿必须根据审核无误的记账凭证进行。登记账簿的基本要求如下。

1. 内容准确完整

登记会计账簿时，应当将会计凭证日期、编号、业务内容摘要、金额和其他有关资料逐项记入账内，做到数字准确、摘要清楚、登记及时、字迹工整。对于每一项会计事项，一方面要记入有关的总账，另一方面要记入该总账所属的明细账。账簿记录中的日期，应该填写记账凭证上的日期；以自制的原始凭证（如收料单、领料单等）作为记账依据的，账簿记录中的日期应按有关自制凭证上的日期填列。此外，负责登记账簿的会计人员，在登记账簿前，应对已经专门复核人员审查过的记账凭证再复核一遍，这是岗位责任制和内部牵制制度的要求。如果记账人员对记账凭证中的某些问题弄不明白，可以向填制记账凭证的人员或其他人员请教；如果认为记账凭证的处理有错误，可暂停登记，及时向会计主管人员反映，由其做出更改或照登的决定。在任何情况下，凡不兼任填制记账凭证工作的记账人员都不得自行更改记账凭证。

2. 登记账簿要及时

登记账簿的间隔时间应该多长，没有统一的规定，这要根据本单位所采用的具体会计核算形式而定，总的来说是越短越好。一般情况下，总账可以 3 天或 5 天登记一次，明细账的登记时间间隔要短于总账的登记时间间隔，日记账和债权债务明细账一般一天就要登记一次。现金、银行存款日记账，应根据收、付款记账凭证，随时按照业务发生顺序逐笔登记，每日终了应结出余额。经管现金和银行存款日记账的专门人员，必须每日掌握银行存款和现金的实有数，谨防开出空头支票和影响经营活动的正常用款。

3. 注明记账符号

登记完毕后，要在记账凭证上签名或者盖章，并注明已经登账的符号，表示已经记账。在记账凭证上设有专门的栏目注明记账的符号，以免发生重记或漏记。

4. 书写留空

账簿中书写的文字和数字上面要留有适当空格，不要写满格，一般应占格距的 1/2。这样，一旦发生登记错误，能比较容易地进行更正，同时也方便查账工作。

5. 正常记账使用蓝黑墨水或者碳素墨水

登记账簿要用蓝黑墨水或者碳素墨水书写，不得使用圆珠笔（银行的复写账簿除外）或者铅笔书写。在会计上，数字的颜色是重要的语素之一，它同数字和文字一起传达出会计信息。书写墨水的颜色用错了，其导致的概念混乱不亚于数字和文字的错误。

6. 特殊记账使用红墨水

对在登记账簿中使用红色墨水的问题，依据《会计基础工作规范》的规定，下列情况，可以用红色墨水记账：（1）按照红字冲账的记账凭证，冲销错误记录；（2）在不设借、贷等栏的多栏式账页中，登记减少数；（3）在三栏式账户的余额栏前，如未印明余额方向，在余额栏内登记负数余额；（4）根据国家统一会计制度的规定可以用红字登记的其他会计记录。

7. 顺序连续登记

各种账簿应按页次顺序连续登记，不得跳行、隔页。如果发生跳行、隔页，应当将空行、空页画线注销，或者注明"此行空白"或"此页空白"字样，并由记账人员签名或者盖章。这对避免在账簿登记中可能出现的漏洞是十分必要的。

8. 结出余额

凡需要结出余额的账户，结出余额后，应当在"借或贷"等栏内写明"借"或者"贷"等字样。没有余额的账户，应当在"借或贷"等栏内写"平"字，并在余额栏内用"零"表示。现金日记账和银行存款日记账必须逐日结出余额。一般来说，对于没有余额的账户，在余额栏内标注的"零"应当放在"元"位。

9. 过次承前

每一账页登记完毕结转下页时，应当结出本页合计数及余额，写在本页最后一行和下页第一行有关栏内，并在摘要栏内注明"过次页"和"承前页"字样；也可以将本页合计数及金额只写在下页第一行有关栏内，并在摘要栏内注明"承前页"字样。也就是说，"过次页"和"承前页"的填写方法有两种：一是在本页最后一行内结出发生额合计数及余额，然后过次页并在次页第一行承前页；二是只在次页第一行承前页写出发生额合计数及余额，不在上页最后一行结出发生额合计数及余额后过次页。

《会计基础工作规范》还对"过次页"的本页合计数的结计方法，根据不同需要做了如下规定。

（1）对需要结计本月发生额的账户，结计"过次页"的本页合计数应当为自本月初起至本页末止的发生额合计数。这样做，便于根据"过次页"的合计数，随时了解本月初到本页末止的发生额，也便于月末结账时，加计"本月合计"数。

（2）对需要结计本年累计发生额的账户，结计"过次页"的本页合计数应当为自年初起至本页末止的累计数。这样做，便于根据"过次页"的合计数，随时了解本年初到本页末止的累计发生额，也便于年终结账时，加计"本年累计"数。

（3）对既不需要结计本月发生额也不需要结计本年累计发生额的账户，可以只将每页末的余额结转次页，如某些材料明细账户就没有必要将每页的发生额结转次页。

10. 定期打印

对于实行会计电算化的单位，总账和明细账应当定期打印；发生收款和付款业务的，在输入收款凭证和付款凭证的当天必须打印出现金日记账和银行存款日记账，并与库存现金和银行存款核对无误。之所以这样做，是因为在以机器或其他磁性介质储存的状态下，各种资料或数据的直观性不强，而且信息处理的过程不明，不便于进行某些会计操作和进行内部或外部审计，对会计信息的安全和完整也不利。

5.2.2 总账的登记

登记总账，可以直接根据各种记账凭证逐笔进行，也可以把各种记账凭证先进行汇总，编制成汇总记账凭证或科目汇总表后再据以进行。

采用记账凭证核算形式的单位，直接根据记账凭证定期（3 天、5 天或 10 天）登记。在这种核算形式下，应当尽可能地根据原始凭证编制原始凭证汇总表，根据原始凭证汇总表和原始凭证填制记账凭证，根据记账凭证登记总账。采用科目汇总表核算形式的单位，可以根据定期汇总编制的科目汇总表随时登记总账。采用汇总记账凭证核算形式的单位，可以根据"汇总收款凭证""汇总付款凭证""汇总转账凭证"的合计数，月终时一次登记总账。各单位具体采用哪一种会计核算形式，每隔几天登记一次总账，可以由本单位根据实际情况自行确定。

1. 记账凭证核算形式

记账凭证核算形式是指对发生的经济业务，都要根据原始凭证或原始凭证汇总表编制记账凭证，然后根据记账凭证直接登记总账的一种核算形式。它是一种最基本的核算形式，是其他各种核算形式产生和演变的基础。

记账凭证核算形式的特点是，直接根据记账凭证，逐笔登记总账。在采用记账凭证核算形式时，需要设置 3 类记账凭证，即收款凭证、付款凭证和转账凭证，以便据以登记总账。在这种核算形式下，需要设置的账簿主要包括特种日记账（现金日记账和银行存款日记账）和分类账（总账和明细账）。其中特种日记账一般采用三栏式，总账也采用三栏式，并按照各个总账科目（一级科目）开设账页；明细账则可视业务特点和管理需要，采用三栏式、数量金额式或多栏式。在记账凭证核算形式下，会计处理的一般程序包括 7 个基本步骤，如图 5-1 所示（图中的序号分别与基本步骤的序号对应，后同）。

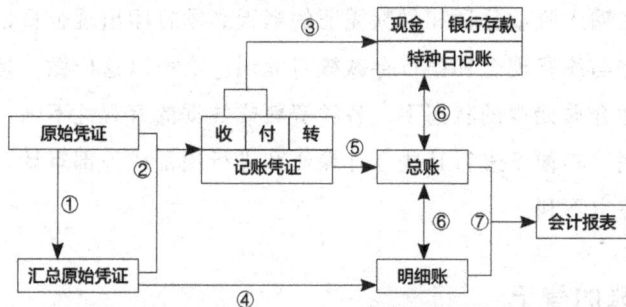

图 5-1 记账凭证核算形式

各基本步骤说明：

① 根据原始凭证编制汇总原始凭证；

② 根据审核无误的原始凭证或者汇总原始凭证，编制记账凭证（包括收款、付款和转账凭证 3 类）；

③ 根据收、付款凭证逐日逐笔登记特种日记账（包括现金日记账和银行存款日记账）；

④ 根据原始凭证、汇总原始凭证和记账凭证编制有关的明细账；

⑤ 根据记账凭证逐笔登记总账；

⑥ 月末，将特种日记账的余额合计数以及各种明细账的余额合计数，分别与总账中有关账户的余额核对相符；

⑦ 月末，根据经核对无误的总账和有关明细账的记录，编制会计报表。

2. 科目汇总表核算形式

科目汇总表核算形式，亦称记账凭证汇总表核算形式。它是根据记账凭证定期编制科目汇总表，然后据以登记总账的一种核算形式。这种核算形式是在记账凭证核算形式的基础上进行简化而形成的，其显著特点是设置科目汇总表并据以登记总账。

在该种核算形式下，要先根据记账凭证填制科目汇总表，然后根据科目汇总表登记总账。采用科目汇总表核算形式，需要设置的各种账簿与汇总记账凭证核算形式的基本相同。

科目汇总表是一种表格，事先将本单位会计核算所使用的会计科目印成一排，月末（或定期）将收款凭证、付款凭证和转账凭证中各个科目的借方发生额加总填入科目汇总表该科目的借方，将各个科目的贷方发生额加总填入科目汇总表该科目的贷方，最后进行纵向加总并试算平衡。科目汇总表平衡以后，即可作为登记总账的依据。

科目汇总表核算形式适用于生产经营规模较大、经济业务较多的单位。其核算形式如图 5-2 所示。

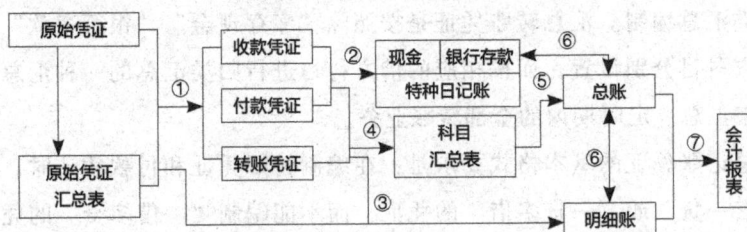

图 5-2 科目汇总表核算形式

各基本步骤说明：

①根据原始凭证或原始凭证汇总表编制收款凭证、付款凭证或转账凭证；

②根据收款凭证、付款凭证登记现金日记账、银行存款日记账；

③根据原始凭证或原始凭证汇总表、收款凭证、付款凭证、转账凭证逐笔登记各种明细账；

④根据收款凭证、付款凭证、转账凭证编制科目汇总表；

⑤根据科目汇总表登记总账；

⑥月终，将现金日记账、银行存款日记账的余额合计数以及各种明细账的余额合计数分别与相应的总账余额核对相符；

⑦月终，根据总账、各种明细账的有关资料编制会计报表。

3. 汇总记账凭证核算形式

汇总记账凭证核算形式是根据原始凭证或原始凭证汇总表编制记账凭证，再根据记账凭证编制汇总记账凭证，然后据以登记总账的一种核算形式。其主要特点是根据记账凭证定期编制汇总记账凭证，期末再根据汇总记账凭证登记总账。

汇总记账凭证核算形式是记账凭证核算形式的发展，它的基本特点是先定期将全部记账凭证按照种类不同分别归类编制汇总记账凭证，然后再根据汇总记账凭证登记总账。

采用汇总记账凭证核算形式，除需设置记账凭证（收款、付款、转账凭证）之外，还应设置汇总记账凭证（包括汇总收款凭证、汇总付款凭证和汇总转账凭证），作为登记总账的直接依据。汇总收款凭证是按"库存现金"和"银行存款"科目的借方分别设置的一种汇总记账凭证，用来汇总一定时期内现金和银行存款的收款业务，它按有关对应的贷方科目归类汇总编制。汇总付款凭证是按"库存现金"和"银行存款"科目的贷方分别设置的一种汇总记账凭证，用来汇总一定时期内现金和银行存款的付款业务，它按有关对应的借方科目归类汇总编制。汇总转账凭证是按照除"库存现金""银行存款"以外的每一贷方科目分别设置，而按相应的借方科目进行归类汇总的一种汇总记账凭证，用来汇总一定时期内的全部转账业务。

汇总记账凭证的基本格式要求是：在编制转账凭证和付款凭证时，只能编制"一借一贷"或"一贷多借"的凭证，而不能编制"一借多贷"的凭证；编制收款凭证时，则只能编制"一借一贷"或"一借多贷"的凭证，而不能编制"一贷多借"的凭证。在汇总记账凭证核算形式下，需要设置的特种日记账有现金日记账和银行存款日记账，其一般采用三栏式；总账按总账科目设置账页，一般也采用三栏式；各种明细账可根据实际情况，采用三栏式、数量金额式或多栏式。汇总记账凭证核算形式的基本程序如图5-3所示。

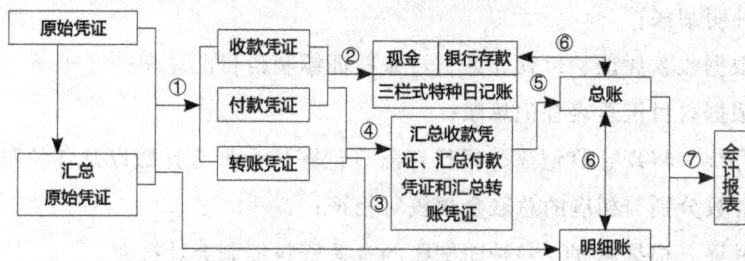

图5-3　汇总记账凭证核算形式

各基本步骤说明如下：

① 根据经审核的原始凭证或汇总原始凭证，编制记账凭证（收款、付款、转账3类）；

② 根据收款凭证和付款凭证，登记三栏式特种日记账（现金日记账、银行存款日记账）；

③ 根据原始凭证、汇总原始凭证和记账凭证，登记有关的明细账；

④ 根据一定时期内的全部记账凭证，分别汇总编制汇总收款凭证、汇总付款凭证和汇总转账凭证；

⑤ 根据定期汇总编制的汇总收款凭证、汇总付款凭证和汇总转账凭证，登记总账；

⑥ 月末，将三栏式特种日记账的余额合计数以及各种明细账的余额合计

数，分别与总账中相应账户的余额核对相符；

⑦ 月末，根据经核对无误的总账和有关的明细账记录，编制会计报表。

5.2.3　明细账的登记

各种明细账，要根据原始凭证、原始凭证汇总表和记账凭证每天进行登记，也可以定期（3 天或 5 天）登记。但债权债务明细账和财产物资明细账应当每天登记，以便随时与对方单位结算，核对库存余额。

5.2.4　日记账的登记

日记账，应当根据办理完毕的收、付款凭证，随时按顺序逐笔登记，最少每天登记一次。

1. 现金日记账的登记方法

现金日记账通常由出纳人员根据审核后的现金收、付款凭证，逐日逐笔顺序登记。同时，由其他会计人员根据收、付款凭证，汇总登记总账。对于从银行提取现金的业务，由于只填制银行存款付款凭证，不填制现金收款凭证，现金的收入数，应根据银行存款付款凭证登记。每日收付款项逐笔登记完毕后，应分别计算现金收入和支出的合计数及账面的结余数，并将现金日记账的账面余额与库存现金实存数相核对，借以检查每日现金收、支和结存情况。

2. 银行存款日记账的登记方法

银行存款日记账，应按各种存款分别设置。银行存款日记账通常也是由出纳人员根据审核后的有关银行存款收、付款凭证，逐日逐笔顺序登记的。对于现金存入银行的业务，银行存款的收入数，应根据现金付款凭证登记。每日终了，应分别计算银行存款收入、支出的合计数和本日余额，以便于检查监督各项收支款项，并便于定期同银行对账单逐笔核对。

在根据多栏式现金日记账和银行存款日记账登记总账的情况下，账务处理可有以下两种做法。

（1）由出纳人员根据审核后的收、付款凭证逐日逐笔登记现金和银行存款的收入日记账和支出日记账，每日应将支出日记账中当日支出合计数，转记入收入日记账中支出合计栏中，以结算当日账面结余额。会计人员应对多栏式现金和银行存款日记账的记录加强检查监督，并负责于月末根据多栏式现金日记账和银行存款日记账各专栏的合计数，分别登记总账有关账户。

（2）另外设置现金和银行存款出纳登记簿，由出纳人员根据审核后的收、付款凭证逐日逐笔登记，以便逐笔掌握库存现金收付情况和同银行核对收付款项；然后将收、付款凭证交由会计人员据以逐日汇总登记多栏式现金日记账和银行存款日记账，并于月末根据多栏式日记账登记总账。出纳登记簿与多栏式现金日记账和银行存款日记账要相互核对。

上述第一种做法可以简化核算工作，第二种做法可以加强内部牵制。总之，采用多栏式现金日记账和银行存款日记账可以减少收、付款凭证的汇总编制手续，简化总账登记工作，而且可以清晰地反映账户之间的对应关系，反映现金和银行存款收付款项的来龙去脉。

5.3 对账和结账

5.3.1 对账

为了保证账簿所提供的会计资料正确、真实、可靠，会计人员在登记账簿时，一定要有高度的责任心，切不可马虎。记完账后，还应定期做好对账工作，做到账证相符、账账相符、账实相符。《会计基础工作规范》第62条规定的对账程序及方法如下。

1. 账证核对

账簿是根据经过审核之后的会计凭证登记的，但实际工作中仍然可能发生账证不符的情况。因此，记完账后，要将账簿记录与会计凭证进行核对，核对账簿记录与原始凭证、记账凭证的时间、凭证字号、内容、金额等是否一致，记账方向是否相符，做到账证相符。

会计期末，如果发现账证不符，还有必要重新进行账证核对，但这时的账证核对是通过试算平衡发现记账错误之后再按一定的线索进行的。

2. 账账核对

各个会计账簿是一个有机的整体，既有分工，又有衔接，总的目的就是全面、系统、综合地反映单位的经济活动与财务收支情况。各种账簿之间的这种衔接依存关系就是常说的勾稽关系。利用这种关系，可以通过账簿的相互核对发现记账工作是否有误。一旦发现错误，就应立即更正，做到账账相符。账簿之间的核对包括以下内容。

（1）核对总账的记录。按照"资产＝负债＋所有者权益"这一会计等式和"有借必有贷、借贷必相等"的记账规律，总账各账户的期初余额、本期发生额和期末余额之间存在对应的平衡关系，各账户的期末借方余额合计和贷方余额合计也存在平衡关系。通过这种等式和平衡关系，可以检查总账记录是否正确、完整。这项核对工作通常采用编制"总分类账户本期发生额和余额对照表"（简称"试算平衡表"）来完成。

（2）总账与所属明细账核对。总账各账户的期末余额应与其所属的各明细账的期末余额之和核对相符。

（3）总账与序时账核对。如前所述，我国企业、事业单位等必须设置现金日记账和银行存款日记账。现金日记账必须每天与库存现金核对相符，银行存款日记账也必须定期与银行对账。在此基础上，还应检查现金总账和银行存款总账的期末余额是否与现金日记账和银行存款日记账的期末余额相符。

（4）明细账之间的核对。例如，会计部门有关实物资产的明细账与财产物资保管部门或使用部门的明细账定期核对，以检查其余额是否相符。核对的方法一般是由财产物资保管部门或使用部门定期编制收发结存汇总表报会计部门核对。

3. 账实核对

账实核对是指各项财产物资、债权债务等账面余额与实有数额之间的核对。账实核对的内容主要有以下几点：

（1）现金日记账账面余额与库存现金数额是否相符；

（2）银行存款日记账账面余额与银行对账单的余额是否相符；

（3）各项财产物资明细账账面余额与财产物资的实有数额是否相符；

（4）有关债权债务明细账账面余额与对方单位的账面记录是否相符等。

5.3.2　结账

结账是一项将账簿记录定期结算清楚的账务工作。在一定时期结束（如月末、季末或年末）时，为了编制会计报表，需要进行结账。结账的内容通常包括两个方面：一是结清各种损益类账户，并据以计算确定本期利润；二是结清各资产、负债和所有者权益账户，分别结出本期发生额合计和余额。

1.结账的程序

（1）将本期发生的经济业务全部登记入账，并保证其正确性。

（2）根据权责发生制的要求，调整有关账项，合理确定本期应计的收入和应计的费用。具体包括以下两类。

①应计收入和应计费用的调整。应计收入是指那些已在本期实现、因款项未收而未登记入账的收入。企业发生的应计收入，主要是针对本期已经发生且符合收入确认标准，但尚未收到相应商品或劳务的款项提出的。对于这类调整事项，应确认为本期收入，借记"应收账款"等科目，贷记"主营业务收入"等科目；待以后收妥款项时，借记"库存现金""银行存款"等科目，贷记"应收账款"等科目。

应计费用是指那些已在本期发生、因款项未付而未登记入账的费用。企业发生的应计费用，如租用房屋但尚未支付的租金，应付未付的借款利息等，本期已经受益。由于这些费用已经发生，应当在本期确认为费用，借记"管理费用""财务费用"等科目，贷记"预提费用"等科目；待以后支付款项时，借记"预提费用"等科目，贷记"库存现金""银行存款"等科目。

②收入分摊和成本分摊的调整。收入分摊是指企业已经收取有关款项，但未完成或未全部完成销售商品或提供劳务，需在期末按本期已完成的比例，分摊确认本期已实现收入的金额，并调整以前预收款项时形成的负债，如企业销售商品预收定金、提供劳务预收佣金。在收到预收收入时，应借记"银行存款"等科目，贷记"预收账款"等科目；在以后提供商品或劳务、确认本期收入时，进行期末账项调整，借记"预收账款"等科目，贷记"主营业务收入"等科目。

成本分摊是指企业的支出已经发生、能使若干个会计期间受益，为正确计算各个会计期间的盈亏，将这些支出在其受益的会计期间进行分配的调整，如企业已经支出，但应由本期和以后各期负担的待摊费用，购建固定资产和无形资产的支出等。企业在发生这类支出时，应借记"待摊费用""固定资产""无形资产"等科目，贷记"银行存款"等科目。在会计期末进行账项调整时，借记"销售费用""管理费用""制造费用"等科目，贷记"待摊费用""累计折旧""累计摊销"等科目。

（3）将损益类科目转入"本年利润"科目，结平所有损益类科目。

（4）结算出资产、负债和所有者权益科目的本期发生额和余额，并将其结转至下期。

2. 结账的方法

（1）对无须按月结计本期发生额的账户，如各项应收、应付款明细账和各项财产物资明细账等，每次记账以后，都要随时结出余额，每月最后一笔余额即为月末余额。也就是说，月末余额就是本月最后一笔经济业务记录的同一行内余额。月末结账时，只需要在最后一笔经济业务记录之下通栏画单红线，不需要再结计一次余额。

（2）现金日记账、银行存款日记账和需要按月结计发生额的收入、费用等明细账，每月结账时，要在最后一笔经济业务记录下面通栏画单红线，结出本月发生额和余额，在摘要栏内注明"本月合计"字样，在下面通栏画单红线。

（3）需要结计本年累计发生额的某些明细账户，每月结账时，应在"本月合计"行下结出自年初起至本月末止的累计发生额，登记在月份发生额下面，在摘要栏内注明"本年累计"字样，并在下面通栏画单红线。12月末的"本年累计"就是全年累计发生额，全年累计发生额下通栏画双红线。

（4）总账账户平时只需结出月末余额。年终结账时，为了总括地反映全年各项资金运动情况的全貌，核对账目，要将所有总账账户结出全年发生额和年末余额，在摘要栏内注明"本年合计"字样，并在合计数下通栏画双红线。

年度终了结账时，有余额的账户，要将其余额结转至下年，并在摘要栏注明"结转下年"字样；在下一会计年度新建有关会计账户的第一行余额栏内填写上年结转的余额，并在摘要栏注明"上年结转"字样。即将有余额的账户的余额直接记入新账余额栏内，不需要编制记账凭证，也不必将余额再记入本年账户的借方或贷方，使本年有余额的账户的余额变为零。因为既然年末是有余额的账户，其余额应当如实地在账户中加以反映，否则容易混淆有余额的账户和没有余额的账户。

5.4 登记错误的更正

5.4.1 会计记录错误

记账过程中经常遇到的差错种类很多，其主要表现在：记账凭证汇总表不平，总账不平，各明细账的余额之和不等于总账有关账户的余额；银行存款账户调整后的余额与银行对账单不符等。

在实际工作中常见的会计记录错误有以下两种。

（1）会计原理、原则运用错误。这种错误是指在会计凭证的填制、会计科目的设置、会计核算形式的选用、会计处理程序的设计等会计核算的各个环节出现不符合《企业会计准则》《企业财务通则》《企业会计制度》和分行业财务制度规定的错误。例如，对规定的会计科目不设，不应设立的会计科目却乱设，导致资产、负债、所有者权益不真实；对现行财务制度规定的开支范围、标准执行不严等。

（2）记账错误。主要表现为漏记、重记、错记3种。错记表现为错记了会计科目，错记了记账方向，错用了记账墨水（蓝黑墨水误用红墨水，或红墨水误用蓝黑墨水），错记了金额等。

5.4.2 会计记录错误的查找方法

在日常的会计核算中，发生差错的现象时有发生。如发现错误，一是要确认错误的金额；二是要确认错在借方还是贷方；三是根据产生差错的具体情况，分析可能产生差错的原因，采取相应的查找方法，便于缩短查找差错的时间，减少工作量。

查找错误的方法有很多，现将常用的几种方法介绍如下。

1. 顺查法（也称正查法）

顺查法是按照账务处理的顺序，从原始凭证、记账凭证、账簿到会计报表全部过程进行查找的一种方法。即首先检查记账凭证是否正确，然后将记账凭证、原始凭证同有关账簿记录一笔一笔地进行核对，最后检查有关账户的发生额和余额。这种检查方法，可以发现重记、漏记、错记科目、错记金额等错误。这种方法的优点是检查的范围大，不易遗漏；缺点是工作量大，需要的时间比较长。所以在实际工作中，一般是在采用其他方法查找不到错误的情况下采用这种方法。

2. 逆查法（也称反查法）

这种方法与顺查法相反，是按照账务处理相反的顺序，从会计报表、账簿、记账凭证到原始凭证的过程进行查找的一种方法。即先检查各有关账户的余额是否正确，然后将有关账簿按照记录的顺序由后向前同有关记账凭证或原始凭证进行逐笔核对，最后检查有关记账凭证的填制是否正确。这种方法的优缺点与顺查法的相同，这种方法根据实际工作的需要，在由于某种原因造成后期差错的可能性较大时采用。

3. 抽查法

抽查法是对整个账簿记录抽取其中某部分进行局部检查的一种方法。当出现差错时，可根据具体情况分段、重点查找，将某一部分账簿记录同有关的记账凭证或原始凭证进行核对。还可以根据金额差错发生的位数有针对性地查找。如果差错在角位、分位，只要查找元以下位数即可；如果差错在整数的千位、万位，只需查找千位、万位数即可，其他的位数就不用逐项或逐笔地查找了。这种方法的优点是范围小，可以节省时间，减少工作量。

4. 偶合法

偶合法是根据账簿记录差错中常见的规律，推测与差错有关的记录而进行查找的一种方法。这种方法主要适用于漏记、重记、记反账、错记账的查找。

（1）漏记的查找。

① 总账一方漏记。总账一方漏记，在试算平衡时，借贷双方发生额不平衡，出现差额。在总账与明细账核对时，会发现某一总账所属明细账的借（或贷）方发生额合计数大于总账的借（或贷）方发生额，也出现一个差额，这两个差额正好相等，而且在总账与明细账中有与这个差额相等的发生额。这说明总账一方的借（或贷）方漏记，借（或贷）方哪一方的数额小，漏记就在哪一方。

② 明细账一方漏记。明细账一方漏记，在总账与明细账核对时可以发现。总账已经试算平衡，但在进行总账与明细账核对时，发现某一总账借（或贷）方发生额大于其所属各明细账借（或贷）方发生额之和，说明明细账一方可能漏记，可以对该明细账的有关凭证进行查对。

③ 凭证漏记。如果整张的记账凭证漏记，则没有明显的错误特征，只有通过顺查法或逆查法逐笔查找。

（2）重记的查找。

① 总账一方重记。如果总账一方重记，在试算平衡时，借、贷双方发生额不平衡，出现差额。在总账与明细账核对时，会发现某一总账所属明细账的借（或贷）方发生额合计数小于该总账的借（或贷）方发生额，也出现一个差额，这两个差额正好相等，而且在总账与明细账中有与这个差额相等的发生额记录，说明总账借（或贷）方重记，借（或贷）方哪一方的数额大，重记就在哪一方。

② 明细账一方重记。如果明细账一方重记，在总账与明细账核对时可以发现。总账已经试算平衡，与明细账核对时，某一总账借（或贷）方发生额小于其所属明细账借（或贷）方发生额之和，则可能是明细账一方重记，可以对与该明细账有关的记账凭证进行查对。

③ 如果整张的记账凭证重记，则没有明显的错误特征，只能用顺查法或逆查法逐笔查找。

（3）记反账的查找。

记反账是指在记账时把发生额的方向弄错，将借方发生额记入贷方，或者将贷方发生额记入借方。

① 总账一方记反账。总账一方记反账，则在试算平衡时发现借、贷双方发生额不平衡，出现差额。这个差额是偶数，能被 2 整除，所得的商数在账簿上有记录，借（或贷）方哪一方大，就记反账在哪一方。

② 明细账一方记反账。如果明细账记反了，而总账记录正确，则总账发生额试算是正确的，可用总账与明细账核对的方法查找。

（4）错记账的查找。

在实际工作中，错记账是指把数字写错，常见的错误有以下几种。

① 数字错位。数字错位是指应记的位数不是前移就是后移，即小记大或大记小。如把千位数变成了百位数（大变小），或把百位数变成了千位数（小

变大）。例如，把 1 600 记成 160（大变小），把 2.43 记成 243（小变大）等。

如果是大变小，在试算平衡或者总账与明细账核对时，正确数字与错误数字的差额是一个正数，这个差额除以 9 后所得的商数与账上错误的数额正好相等。查账方法：差额正数能够除以 9，所得商数恰好是账上的数，可能记错了位，错误的性质是大变小。

如果是小变大，在试算平衡或者总账与明细账核对时，正确数与错误数的差额是一个负数，这个差额除以 9 后所得商数再乘以 10，得到的绝对数与账上错误的数额恰好相等。查账方法：差额负数除以 9，所得商数乘以 10 的数账上有，记账错误的性质是由小变大。

② 错记。错记是在登记账簿过程中的数字误写。对于错记的查找，可根据由于错记而形成的差数，分别确定查找方法，查找时不仅要查找发生额，同时也要查找余额。一般情况下，同时错记而形成的差数有以下几种情况。

第一种，邻数颠倒。邻数颠倒是指在登记账簿时把相邻的两个数字互换了位置。如把 43 错记成 34，或把 34 错记成 43 等。

如果前大后小颠倒为后大前小，在试算平衡时，正确数与错误数的差额是一个正数，这个差额除以 9 后所得商数中的有效数字正好与相邻颠倒两数的差额相等，并且不大于 9。可以根据这个特征在差值相同的两个邻数范围内查找。

如果前小后大颠倒为前大后小，在试算平衡或者总账与明细账核算时，正确数与错误数的差额是一负数，其他特征同上。在上述情况下，查账方法为：差额能除以 9，所得商数中的有效数字不大于 9，可能记账数颠倒，可以根据差值确定查找。

例如，应收账款的总账科目余额合计数为 881.34 元，而明细账合计数为 944.34 元（如表 5-12 所示），两表不等。

表 5-12　应收账款明细账

序号	债务人	金额（元）
1	公司甲	201.43
2	公司乙	26.68
3	公司丙	600.98

续表

序号	债务人	金额（元）
4	公司丁	81.08
5	公司戊	34.17
合计		944.34

查找错误步骤如下。

第一，求正误差值：881.34－944.34＝－63。

第二，判断差值可否用9整除，差值63，正好可以为9整除（63÷9＝7）。

第三，求差值系数：（－）63÷9＝（－）7。

第四，在错误表中查找有无相邻两数相差为7的数字。差值系数为负值时，查"前大后小"；反之，查"前小后大"。经查，该表中序号4对应的81.08中的"8"－"1"＝7，属于前大后小。可以判断该错误属于数字倒置的错误，即可能是18.08误写为81.08。

第五，将81.08按18.08更正，重新加总，其合计数则为881.34，与总账一致。

第二种，隔位数字倒置。如，把425记成了524，701记成了107等，这种倒置所产生的差数的有效数字在3位以上，而且中间数字是9，差数以9除之所得的商数是两位相同的数，如22、33，商数中的1个数又正好是两个隔位倒置数字之差。如802误记成了208，差数是594，以9除之则商数为66，两个倒置数8与2的差也是6。于是可采用就近邻位数字倒置差错的查找方法去查找账簿记录中百位和个位两数之差为6的数字，即600与006、701与107、802与208、903与309四组数，便可查到隔位数字倒置差错。

采用上述方法时要注意：一是正确选择作为对比标准的基数；二是保证对比指标口径的可比性；三是同时分析相对数和绝对数的变化，并计算其对总量的影响。

会计人员在日常填制会计凭证和登记账簿过程中，可能出现一些差错，切忌生搬硬套，要从具体的实际工作出发，灵活运用查找的方法，有时还要几种方法结合起来使用，通过反复核实，得出正确的结果。

5.4.3 会计记录错误的更正方法

在根据审核后的原始凭证和记账凭证进行账簿记录的过程中，由于种种原因，不可避免地会发生各种各样的错误。在通过以上方法查找出错账时，为了防止非法改账，应按规定的方法进行更正。更正错账的方法主要有以下 3 种。

（1）画线更正法，又称红线更正法。这种方法主要适用于：在每月结账前，发现账簿记录中的文字或数字有错误，而其所依据的记账凭证没有错误，即纯属记账时笔误或计算错误时，应采用画线更正法进行更正。

画线更正法的具体操作方法是：将错误的文字或数字用一条红色横线予以注销，但必须使原有文字或数字清晰可认，以备查阅；然后，在画线文字或数字的上方用蓝字或黑字写上正确的文字或数字，并由更正人员在更正处签章，以明确责任。

采用这种方法更正错账时应注意：对于文字差错，只划去错误的文字，并相应地予以更正，而不必将全部文字划去；对于数字差错，应将错误的数额全部划去，而不能只划去错误数额中的个别数字。例如，将 1 354 误记为 1 345，应在 1 345 上画一条红线，然后在 1 345 的上方填写正确的数字 1 354，而不能只划其中的 45。

（2）红字更正法，又称红字冲销法。它是用红字冲销原有记录后再予以更正的方法，主要适用于以下两种情况。

第一，根据记账凭证记账以后，发现记账凭证中的应借、应贷会计科目或记账方向有错误，而账簿记录与记账凭证是相吻合的。其更正的方法是，首先用红字金额填制一张与原错误记账凭证内容完全一致的记账凭证，并据以用红字登记入账，以冲销原错误记录；然后，再用蓝字填制一张正确的记账凭证，并据以用蓝字登记入账。

【例 5-1】红字更正法的应用之一——抵销错账，重做新账

东方文化公司以库存现金的形式支付当年下半年的报刊费 1 000 元，会计人员在编制记账凭证时，将应记入"库存现金"科目的金额误记入"银行存款"科目，并按照错误的记账凭证登记入账，其错误记账凭证所反映的会计分录为：

借：管理费用   1 000

  贷：银行存款   1 000

在更正这种错账时，应用红字（在本书中，如无特殊的说明，用带框的数字表

示红字记录）更正法做一笔与原来的错误分录一样的红字分录将原来的错账抵销掉：

借：管理费用 $\boxed{1\ 000}$

贷：银行存款 $\boxed{1\ 000}$

在错误的记账凭证以红字记账更正后，表明已全部冲销原有错误记录，然后用蓝字或黑字填制如下正确的分录，并据以登记入账：

借：管理费用 1 000

贷：库存现金 1 000

第二，根据记账凭证记账以后，发现记账凭证中应借、应贷会计科目和记账方向都正确，只是所记金额大于应记金额并据以登记账簿。其更正的方法是：将多记的金额用红字填制一张与原错误记账凭证的会计科目、记账方向相同的记账凭证，并据以用红字登记入账，以冲销多记金额，求得正确的金额。

采用红字更正法更正金额多记错误记录时应注意：不得以蓝字金额填制与原错误记账凭证记账方向相反的记账凭证去冲销原错误记录或错误金额，因为蓝字记账凭证反方向记录的会计分录反映某类经济业务，而不能反映更正错账的内容。例如，借记"库存现金"科目，贷记"其他应收款"科目，如用蓝字填制，则反映的是企业收取某职工的欠款的业务，并不反映对错误账簿记录的更正内容，而这样的业务在企业也是经常发生的。因此，必须采用红字更正法予以更正。

【例5-2】红字更正法的应用之二——只抵销错账多记的金额

东方文化公司用银行存款 4 000 元购买办公用计算机一台，在填制记账凭证时，误记金额为 40 000 元，但会计科目、借贷方向均无错误，在记录账簿时，按照错误的会计分录进行了记录，其错误记账凭证所反映的会计分录为：

借：固定资产 40 000

贷：银行存款 40 000

在更正以上的错账时，只需要用红字金额 36 000 元编制如下记账凭证，抵销掉多记的金额就可以了：

借：固定资产 $\boxed{36\ 000}$

贷：银行存款 $\boxed{36\ 000}$

错误的记账凭证以红字记账更正后，即可反映其正确金额为 4 000 元。

如果记账凭证所记录的文字、金额与账簿记录的文字、金额不符，应首先采用画线法更正，然后用红字冲销法更正。

（3）补充登记法，也称蓝字补记法。这种方法主要适用于：根据记账凭证记账以后，发现记账凭证中应借、应贷会计科目和记账方向都正确，只是所记金额小于应记金额并据以记账。

补充登记法的具体操作方法是：将少记金额用蓝字填制一张与原错误记账凭证科目名称和方向一致的记账凭证，并用蓝字据以登记入账，以补足少记的金额。

【例 5-3】补充登记法的应用

东方文化公司开出金额为 40 000 元的转账支票一张用于购买运货汽车一辆，在填制记账凭证时，误记金额为 4 000 元，但会计科目、借贷方向没有错误，其错误的会计分录为：

借：固定资产 　　　　　　　　　　　　　　　　　　　　　4 000

　　贷：银行存款 　　　　　　　　　　　　　　　　　　　　4 000

在更正时，应用蓝字或黑字编制如下记账凭证进行更正：

借：固定资产 　　　　　　　　　　　　　　　　　　　　　36 000

　　贷：银行存款 　　　　　　　　　　　　　　　　　　　　36 000

可以看到，错误的记账凭证经过补充登记后，即可反映其正确的金额为 40 000 元。

如果记账凭证中所记录的文字、金额与账簿记录的文字、金额不符，应首先采用画线法更正，然后用补充登记法更正。

第**6**章
会计核算的成果：编制财务报告

6.1　财务报告概述

6.1.1　财务报告的概念与作用

1.财务报告的概念

财务报告是指企业对外提供的反映企业某一特定日期财务状况和某一会计期间经营成果、现金流量等会计信息的文件。财务报告包括财务报表和其他应当在财务报告中披露的相关信息和资料。财务报表使用者通常包括投资者、债权人、政府及其有关部门和社会公众等。企业编制财务报表的目标，是向财务报表使用者提供与企业财务状况、经营成果和现金流量等有关的会计信息，反映企业管理层受托责任的履行情况，帮助财务报表使用者做出经济决策。

财务报表可以按照不同的标准进行分类。

（1）按编报期间的不同，财务报表可以分为中期财务报表和年度财务报表。

中期财务报表是以短于一个完整会计年度的报告期间为基础编制的财务报表，包括月报、季报和半年报等。

中期财务报表至少应当包括资产负债表、利润表、现金流量表和附注，其中，中期资产负债表、利润表和现金流量表应当是完整报表，其格式和内容应当与年度财务报表的相一致。与年度财务报表相比，中期财务报表中的附注披露可适当简略。

（2）按编报主体的不同，财务报表可以分为个别财务报表和合并财务报表。

个别财务报表是由企业在自身会计核算基础上对账簿记录进行加工而编制

的财务报表，它主要用以反映企业自身的财务状况、经营成果和现金流量情况。

合并财务报表是以母公司和子公司组成的企业集团为会计主体，根据母公司和所属子公司的财务报表，由母公司编制的综合反映企业集团财务状况、经营成果及现金流量的财务报表。

2. 财务报告的作用

财务报告总括反映了企业某一特定日期的财务状况和某一会计期间的经营成果和现金流量。企业正确、及时地编制财务报告，具有举足轻重的作用。

（1）企业的投资者和债权人通过财务报告提供的会计信息，可以了解企业有关财务状况、经营成果和现金流量的情况，据以进行正确的投资决策和信贷决策。同时，投资者还可以据此评估企业管理层对受托资源的经营管理责任的履行情况。

（2）企业管理者通过财务报告提供的会计信息，可以掌握本企业相关财务状况、经营成果和现金流量等的情况，以此来考核和分析企业财务成本计划或预算的完成情况，总结和分析企业经营过程中实现的成果和存在的问题，评价企业的经济效益。

（3）国家有关部门通过对企业提供的财务报告资料进行汇总分析，可以了解和掌握各部门、各地区的经济运行情况，各项财经法律制度的执行情况，并针对存在的问题，采取相应对策进行宏观的经济调控，促进社会资源的优化配置。

6.1.2　财务报表的组成

财务报表是对企业财务状况、经营成果和现金流量的结构性表述。一套完整的财务报表至少应当包括资产负债表、利润表、现金流量表、所有者权益（或股东权益，下同）变动表以及附注。

资产负债表、利润表和现金流量表分别从不同角度反映企业的财务状况、经营成果和现金流量。资产负债表反映企业在某一特定日期所拥有的资产、需偿还的债务以及股东（投资者）拥有的净资产情况；利润表反映企业在一定会计期间的经营成果，即盈利或亏损的情况，表明企业运用所拥有的资产获利的能力；现金流量表反映企业在一定会计期间现金和现金等价物流入和流出的情况。

所有者权益变动表反映构成所有者权益的各组成部分当期的增减变动情况。企业的净利润及其分配情况是所有者权益变动的组成部分，相关信息已经在所有者权益变动表及其附注中反映，企业不需要再单独编制利润分配表。

附注是财务报表不可或缺的组成部分，是对在资产负债表、利润表、现金流量表和所有者权益变动表等报表中列示项目的文字描述或明细资料，以及对未能在这些报表中列示项目的说明等。

6.1.3 财务报告的编制要求

财务报告是根据日常的会计账簿记录及其他有关资料编制的。会计账簿记录及其他有关资料是否真实、完整、准确，直接关系到财务报告的质量。因此，对于财务报告的编制有以下几点要求。

1. 真实可靠

财务报告必须真实地反映交易或事项的实际情况，不能进行人为扭曲。财务报告应当根据经过审核的会计账簿记录和有关资料编制，这是保证财务报告质量的重要环节。

2. 全面完整

财务报告应当全面披露企业的财务状况、经营成果和现金流量等，完整地反映企业经济活动的过程和结果。

3. 编报及时

财务报告提供的信息应具有较强的时效性。企业应当依照法律、行政法规和国家统一会计制度有关财务报告提供期限的规定，及时编制、提供财务报告。

4. 便于理解

财务报告提供的信息应为使用者所理解。企业对外提供财务报表是为利益相关者提供决策所需的信息，因此，编制财务报告应当清晰明了，便于使用者理解。

6.1.4　财务报告编制前的准备工作

1. 全面财产清查

企业在编制年度财务报告前，应当按照下列规定，全面清查资产、核实债务：

（1）应收款项、应付款项、应交税费等是否存在，与债务、债权单位的相应债务、债权金额是否一致；

（2）原材料、在产品、自制半成品、库存商品等各项存货的实存数量与账面数量是否一致，是否存在报废损失、积压物资等；

（3）各项投资是否存在，投资收益是否按照国家统一会计制度规定进行确认和计量；

（4）房屋建筑物、机器设备、运输工具等各项固定资产的实存数量与账面数量是否一致；

（5）在建工程的实际发生额与账面记录是否一致；

（6）需要清查、核实的其他内容。

企业应核实财产物资的实存数量与账面数量是否一致，各项结算款项的拖欠情况及其原因，材料物资的实际储备情况，各项投资是否达到预期目的，固定资产的使用情况及其完好程度等。

清查核实后，企业应当将清查、核实的结果及其处理办法向企业的董事会或者相应机构报告，并根据国家统一会计制度的规定进行相应的会计处理。企业还应当在年度中间根据具体情况，对各项财产物资的结算款项进行重点抽查、轮流清查或者定期清查。

2. 检查会计事项的处理结果

企业在编制财务报告前，除应当全面清查资产、核实债务外，还应当完成下列工作：

（1）核对各会计账簿记录与会计凭证的内容、金额等是否一致，记账方向是否相符；

（2）按照规定的结账日进行结账，结出有关会计账簿的余额和发生额，并核对各会计账簿之间的余额；

（3）检查相关的会计核算是否符合国家统一会计制度的规定；

（4）对于国家统一会计制度没有规定统一核算方法的交易、事项，检查其是否按照会计核算的一般原则进行确认和计量以及账务处理是否合理；

（5）检查是否存在因会计差错、会计政策变更等原因需要调整前期或者本期相关项目的情况。

企业编制年度和中期财务报告时，经查实后的资产、负债有变动的，应当按照资产、负债的确认和计量标准进行确认和计量，并按照国家统一会计制度的规定进行相应的会计处理。

6.2 资产负债表

资产负债表是指反映企业在某一特定日期的财务状况的报表。资产负债表，可以反映企业在某一特定日期所拥有或控制的经济资源、所承担的现时义务和所有者对净资产的要求权，帮助财务报表使用者全面了解企业的财务状况、分析企业的偿债能力等情况，从而为其做出经济决策提供依据。资产负债表是企业的基本财务报表之一，是所有独立核算的企业单位必须对外报送的财务报表。

6.2.1 资产负债表的内容

1. 资产

资产负债表中的资产反映由过去的交易、事项形成并由企业在某一特定日期所拥有或控制的，预期会给企业带来经济利益的资源。资产应当按照流动资产和非流动资产两大类别在资产负债表中列示，在流动资产和非流动资产类别下进一步按性质分项列示。

流动资产是指企业可以在一年内（含一年，下同）或者超过一年的营业周期内变现或者运用的资产。资产负债表中列示的流动资产项目通常包括货币资金、交易性金融资产、应收票据、应收账款、预付款项、其他应收款、存货和一年内到期的非流动资产等。

非流动资产是指流动资产以外的资产。资产负债表中列示的非流动资产项目通常包括长期股权投资、固定资产、在建工程、工程物资、无形资产、开发支出以及其他非流动资产等。

2. 负债

资产负债表中的负债反映在某一特定日期企业所承担的、预期会导致经济利益流出企业的现时义务。负债应当按照流动负债和非流动负债在资产负债表中进行列示，在流动负债和非流动负债类别下再进一步按性质分项列示。

流动负债是指企业在一年内或者超过一年的一个营业周期内需要偿还的负债。资产负债表中列示的流动负债项目通常包括短期借款、交易性金融负债、应付票据、应付账款、预收款项、应付职工薪酬、应交税费、其他应付款、一年内到期的非流动负债等。

非流动负债是指偿还期在一年以上或者超过一年的一个营业周期以上的负债。非流动负债项目通常包括长期借款、应付债券、长期应付款、预计负债、递延所得税负债和其他非流动负债等。

3. 所有者权益

资产负债表中的所有者权益是企业的所有者对企业净资产的所有权，反映企业在某一特定日期股东拥有的净资产的总额，它一般按照实收资本（或股本）、资本公积、盈余公积和未分配利润等分项列示。

6.2.2　资产负债表的结构

资产负债表分为账户式和报告式两种，根据我国《企业会计准则》的规定，我国企业的资产负债表采用账户式结构。

账户式资产负债表分左右两方，左方为资产项目，大体按资产的流动性大小排列，流动性大的资产如"货币资金""交易性金融资产"等排在前面，流动性小的资产如"长期股权投资""固定资产"等排在后面。右方为负债及所有者权益项目，一般按要求清偿时间的先后顺序排列，"短期借款""应付票据""应付账款"等需要在一年以内或者长于一年的一个正常营业周期内偿还的流动负债排在前面，"长期借款"等在一年以上才需偿还的非流动负债排在中间，在企业清算之前不需要偿还的所有者权益项目排在后面。

账户式资产负债表中的资产各项目的合计等于负债和所有者权益各项目的合计，即资产负债表左方和右方平衡。因此，账户式资产负债表，可以反映资产、负债、所有者权益之间的内在关系，即"资产 = 负债 + 所有者权益"。我国企业资产负债表格式如表 6-1 所示。

表 6-1 资产负债表格式

资产负债表

会企 01 表

编制单位：　　　　　　　　　年 月 日　　　　　　　　　单位：元

资产	期末余额	年初余额	负债和所有者权益（或股东权益）	期末余额	年初余额
流动资产：			流动负债：		
货币资金			短期借款		
交易性金融资产			交易性金融负债		
衍生金融资产			衍生金融负债		
应收票据			应付票据		
应收账款			应付账款		
应收款项融资			预收款项		
预付款项			合同负债		
其他应收款			应付职工薪酬		
存货			应交税费		
合同资产			其他应付款		
持有待售资产			持有待售负债		
一年内到期的非流动资产			一年内到期的非流动负债		
其他流动资产			其他流动负债		
流动资产合计			流动负债合计		
非流动资产：			非流动负债：		
债权投资			长期借款		
其他债权投资			应付债券		
长期应收款			其中：优先股		
长期股权投资			永续债		
其他权益工具投资			租赁负债		
其他非流动金融资产			长期应付款		
投资性房地产			预计负债		
固定资产			递延收益		

资产	期末余额	年初余额	负债和所有者权益（或股东权益）	期末余额	年初余额
在建工程			递延所得税负债		
生产性生物资产			其他非流动负债		
油气资产			非流动负债合计		
使用权资产			负债合计		
无形资产			所有者权益（或股东权益）：		
开发支出			实收资本（或股本）		
商誉			其他权益工具		
长期待摊费用			其中：优先股		
递延所得税资产			永续债		
其他非流动资产			资本公积		
非流动资产合计			减：库存股		
			其他综合收益		
			专项储备		
			盈余公积		
			未分配利润		
			所有者权益（或股东权益）合计		
资产总计			负债和所有者权益（或股东权益）总计		

6.2.3　资产负债表的编制

1. 资产负债表项目的填列方法

资产负债表的各项目均需填列"年初余额"和"期末余额"两栏。

资产负债表"年初余额"栏内各项数字，应根据上年年末资产负债表的"期末余额"栏内所列数字填列。如上年度资产负债表规定的各个项目名称和内容与本年度的不一致，应对上年年末资产负债表各项目名称和数字按照本年度规定进行调整，填入本表"年初余额"栏内。

资产负债表的"期末余额"栏内各项数字，其填列方法如下。

（1）根据总账科目的余额直接填列。

资产负债表中的有些项目，如"交易性金融资产""递延所得税资产""交易性金融负债""短期借款""应付票据""应付职工薪酬""应交税费""递延所得税负债""预计负债""实收资本""资本公积"等，可直接根据有关总账科目的余额填列。

（2）根据总账科目的余额计算填列。

有些项目则需根据几个总账科目的余额计算填列，如"货币资金"项目，需根据"库存现金""银行存款""其他货币资金"3个总账科目余额合计填列。

（3）根据有关明细科目的余额计算填列。

资产负债表中的有些项目，需要根据明细科目余额填列。如资产负债表中的"应收账款"项目应根据"应收账款"和"预收账款"科目所属明细科目借方余额之和减相应"坏账准备"科目账面余额后的余额填列；"预收款项"项目根据"应收账款"和"预收账款"科目所属明细科目贷方余额之和填列；"应付账款"项目，需要根据"应付账款"和"预付账款"科目所属明细科目贷方余额之和计算填列；"预付款项"项目应根据"应付账款"和"预付账款"科目所属明细科目借方余额之和填列。

（4）根据总账科目和明细科目的余额分析计算填列。

资产负债表的有些项目，需要依据总账科目和明细科目的余额分析填列。如资产负债表中的"长期应收款"和"长期待摊费用"项目应该分别依据"长期应收款"和"长期待摊费用"总账科目的余额减去将于一年内收回的长期应收款和将于一年内摊销的长期待摊费用明细金额计算填列，将于一年内收回的长期应收款和将于一年内摊销的长期待摊费用的金额计入"一年内到期的非流动资产"项目。

又如，"长期借款"项目，应根据"长期借款"总账科目余额扣除"长期借款"科目所属的明细科目中将在资产负债表日起一年内到期且企业不能自主将清偿义务展期的长期借款后的金额填列。其中，将于一年内到期且企业不能自主地将清偿义务展期的长期借款计入"一年内到期的非流动负债"项目。

（5）根据有关科目余额减去其备抵科目余额后的净额填列。

如资产负债表中的"应收账款""长期股权投资"等项目，应根据"应收账款""长期股权投资"等科目的期末余额减去"坏账准备""长期股权投资减值准备"等科目余额后的净额填列；"固定资产"项目，应根据"固定资产"科目期末余额减去"累计折旧""固定资产减值准备"科目余额后的净额填列；"无形资产"项目，应根据"无形资产"科目期末余额减去"累计摊销""无形资产减值准备"科目余额后的净额填列。

（6）综合运用上述填列方法分析填列。

资产负债表中有些项目是需要结合资产负债表附注和有关备查账簿等的分析计算填列的。如资产负债表中的"存货"项目，需根据"原材料""库存商品""委托加工物资""周转材料""材料采购""在途物资""发出商品""材料成本差异"等总账科目期末余额的分析汇总数，再减去"存货跌价准备"备抵科目余额后的金额填列。

2. 资产负债表项目的填列说明

（1）"货币资金"项目，反映企业库存现金、银行结算户存款、外埠存款、银行汇票存款、银行本票存款、信用卡存款、信用证保证金存款等的合计数。本项目应根据"库存现金""银行存款""其他货币资金"科目期末余额的合计数填列。

（2）"交易性金融资产"项目，反映资产负债表日企业分类为以公允价值计量且其变动计入当期损益的金融资产，以及企业持有的指定为以公允价值计量且其变动计入当期损益的金融资产的期末账面价值。该项目应根据"交易性金融资产"科目的相关明细科目的期末余额分析填列。自资产负债表日起超过一年到期且预期持有超过一年的以公允价值计量且其变动计入当期损益的非流动金融资产的期末账面价值，在"其他非流动金融资产"项目中反映。

（3）"应收票据"项目，反映资产负债表日以摊余成本计量的，企业因销售商品、提供服务等收到的商业汇票，包括银行承兑汇票和商业承兑汇票。该项目应根据"应收票据"科目的期末余额，减去"坏账准备"科目中相关坏账准备期末余额后的金额分析填列。

（4）"应收账款"项目，反映资产负债表日以摊余成本计量的，企业因销售商品、提供服务等经营活动应收取的款项。该项目应根据"应收账款"科目的期末余额，减去"坏账准备"科目中相关坏账准备期末余额后的金额分析填列。

（5）"应收款项融资"项目，反映资产负债表日以公允价值计量且其变动计入其他综合收益的应收票据和应收账款等。

（6）"预付款项"项目，反映企业按照购货合同规定预付给供应单位的款项等。本项目应根据"预付账款"和"应付账款"科目所属各明细科目的期末借方余额合计数，减去"坏账准备"科目中有关预付款项计提的坏账准备期末余额后的金额填列。如果"预付账款"科目所属明细科目期末有贷方余额，应在资产负债表"应付账款"项目内填列。

（7）"其他应收款"项目，应根据"应收利息""应收股利"和"其他应收款"科目的期末余额合计数，减去"坏账准备"科目中相关坏账准备期末余额后的金额填列。其中的"应收利息"科目仅反映相关金融工具已到期可收取但于资产负债表日尚未收到的利息。基于实际利率法计提的金融工具的利息应包含在相应金融工具的账面余额中。

（8）"存货"项目，反映企业期末各种存货的可变现净值。房地产开发企业的存货是指企业在日常活动中持有的以备出售的开发产品，处在开发过程中的在建开发产品、在开发过程或提供劳务过程中耗用的材料、物资、设备等。房地产开发企业的存货主要包括各类材料、库存设备、低值易耗品、委托加工物资、在建开发产品、已完工待售开发产品、周转房等。存货属于企业的流动资产。

（9）"持有待售资产"项目，反映资产负债表日划分为持有待售类别的非流动资产及划分为持有待售类别的处置组中的流动资产和非流动资产的期末账面价值。该项目应根据"持有待售资产"科目的期末余额，减去"持有待售资产减值准备"科目的期末余额后的金额填列。

（10）"一年内到期的非流动资产"项目，通常反映预计自资产负债表日起一年内变现的非流动资产。对于按照相关会计准则采用折旧（或摊销、折耗）方法进行后续计量的固定资产、使用权资产、无形资产和长期待摊费用等非流动资产，折旧（或摊销、折耗）年限（或期限）只剩一年或不足一年的，或预计在一年内（含一年）进行折旧（或摊销、折耗）的部分，不得归类为流动资产，仍在各该非流动资产项目中填列，不转入"一年内到期的非流动资产"项目。

（11）"债权投资"项目，反映资产负债表日企业以摊余成本计量的长期债权投资的期末账面价值。该项目应根据"债权投资"科目的相关明细科目期末余额，减去"债权投资减值准备"科目中相关减值准备的期末余额后的金额分析填列。自资产负债表日起一年内到期的长期债权投资的期末账面价值，在

"一年内到期的非流动资产"项目中反映。企业购入的以摊余成本计量的一年内到期的债权投资的期末账面价值，在"其他流动资产"项目中反映。

（12）"其他债权投资"项目，反映资产负债表日企业分类为以公允价值计量且其变动计入其他综合收益的长期债权投资的期末账面价值。该项目应根据"其他债权投资"科目的相关明细科目的期末余额分析填列。自资产负债表日起一年内到期的长期债权投资的期末账面价值，在"一年内到期的非流动资产"项目中反映。企业购入的以公允价值计量且其变动计入其他综合收益的一年内到期的债权投资的期末账面价值，在"其他流动资产"项目中反映。

（13）"长期股权投资"项目，反映企业持有的对子公司、联营企业和合营企业的长期股权投资。本项目应根据"长期股权投资"科目的期末余额，减去"长期股权投资减值准备"科目的期末余额后的金额填列。

（14）"其他权益工具投资"项目，反映资产负债表日企业指定为以公允价值计量且其变动计入其他综合收益的非交易性权益工具投资的期末账面价值。该项目应根据"其他权益工具投资"科目的期末余额填列。

（15）"固定资产"项目，反映资产负债表日企业固定资产的期末账面价值和企业尚未清理完毕的固定资产清理净损益。该项目应根据"固定资产"科目的期末余额，减去"累计折旧"和"固定资产减值准备"科目的期末余额后的金额，以及"固定资产清理"科目的期末余额填列。

（16）"在建工程"项目，反映资产负债表日企业尚未达到预定可使用状态的在建工程的期末账面价值和企业为在建工程准备的各种物资的期末账面价值。该项目应根据"在建工程"科目的期末余额减去"在建工程减值准备"科目的期末余额后的金额，以及"工程物资"科目的期末余额减去"工程物资减值准备"科目的期末余额后的金额填列。

（17）"使用权资产"项目，反映资产负债表日承租人企业持有的使用权资产的期末账面价值。该项目应根据"使用权资产"科目的期末余额，减去"使用权资产累计折旧"和"使用权资产减值准备"科目的期末余额后的金额填列。

（18）"无形资产"项目，反映企业持有的无形资产，包括专利权、非专利技术、商标权、著作权、土地使用权等的账面价值。本项目应根据"无形资产"科目的期末余额，减去"累计摊销"和"无形资产减值准备"科目期末余额后的金额填列。

（19）"开发支出"项目，反映企业开发无形资产过程中能够资本化形成无形资产成本的支出部分。本项目应当根据"研发支出"科目中所属的"资本化支出"明细科目期末余额填列。

（20）"长期待摊费用"项目，反映企业已经发生但应由本期和以后各期负担的分摊期限在一年以上的各项费用。长期待摊费用中在一年内（含一年）摊销的部分，在资产负债表"一年内到期的非流动资产"项目填列。本项目应根据"长期待摊费用"科目的期末余额减去将于一年内（含一年）摊销的数额后的金额填列。

（21）"其他非流动资产"项目，反映企业除长期股权投资、固定资产、在建工程、工程物资、无形资产等以外的其他非流动资产的账面价值。本项目应根据有关科目的期末余额填列。

（22）"短期借款"项目，反映企业向银行或其他金融机构等借入的期限在一年以下（含一年）的各种借款。本项目应根据"短期借款"科目的期末余额填列。

（23）"交易性金融负债"项目，反映资产负债表日企业承担的交易性金融负债，以及企业持有的指定为以公允价值计量且其变动计入当期损益的金融负债的期末账面价值。该项目应根据"交易性金融负债"科目的相关明细科目的期末余额填列。

（24）"应付票据"项目，反映资产负债表日以摊余成本计量的，企业因购买材料、商品和接受服务等开出、承兑的商业汇票，包括银行承兑汇票和商业承兑汇票。该项目应根据"应付票据"科目的期末余额填列。

（25）"应付账款"项目，反映资产负债表日以摊余成本计量的，企业因购买材料、商品和接受服务等经营活动应支付的款项。该项目应根据"应付账款"和"预付账款"科目所属的相关明细科目的期末贷方余额合计数填列。

（26）"预收款项"项目，反映企业按照合同规定或交易双方的约定，向购买单位或接受劳务的单位在未发出商品或提供劳务时预收的款项。本项目应根据"预收账款"和"应收账款"科目所属各明细科目的期末贷方余额合计数填列。如果"预收账款"科目所属明细科目期末有借方余额，应在资产负债表"应收账款"项目内填列。

（27）"应付职工薪酬"项目，反映企业根据有关规定应付给职工的工资、职工福利、社会保险费、住房公积金、工会经费、职工教育经费、非货币性福利、辞退福利等各种薪酬。外商投资企业按规定从净利润中提取的职工奖励及福利基金，也在本项目列示。

（28）"应交税费"项目，反映企业按照税法规定计算应缴纳的各种税费，包括增值税、消费税、所得税、资源税、土地增值税、城市维护建设税、房产税、城镇土地使用税、车船税、教育费附加等。企业代扣代缴的个人所得税，也通过本项目列示。企业所缴纳的税金，如印花税、耕地占用税等不需要预计应交数的，不在本项目列示。本项目应根据"应交税费"科目的期末贷方余额填列；如"应交税费"科目期末为借方余额，应以"-"号填列。

（29）"其他应付款"项目，应根据"应付利息""应付股利"和"其他应付款"科目的期末余额合计数填列。其中的"应付利息"科目仅反映相关金融工具已到期应支付但于资产负债表日尚未支付的利息。基于实际利率法计提的金融工具的利息应包含在相应金融工具的账面余额中。

（30）"持有待售负债"项目，反映资产负债表日处置组中与划分为持有待售类别的资产直接相关的负债的期末账面价值。该项目应根据"持有待售负债"科目的期末余额填列。

（31）"一年内到期的非流动负债"项目，反映企业非流动负债中将于资产负债表日后一年内到期部分的金额，如将于一年内偿还的长期借款。本项目应根据有关科目的期末余额填列。

（32）"长期借款"项目，反映企业向银行或其他金融机构借入的期限在一年以上（不含一年）的各项借款。本项目应根据"长期借款"科目的期末余额填列。

（33）"应付债券"项目，反映企业为筹集长期资金而发行的债券本金和利息。本项目应根据"应付债券"科目的期末余额填列。

（34）"租赁负债"项目，反映资产负债表日承租人企业尚未支付的租赁付款额的期末账面价值。该项目应根据"租赁负债"科目的期末余额填列。自资产负债表日起一年内到期应予以清偿的租赁负债的期末账面价值，在"一年内到期的非流动负债"项目中反映。

（35）"长期应付款"项目，反映资产负债表日企业除长期借款和应付债券以外的其他各种长期应付款项的期末账面价值。该项目应根据"长期应付款"科目的期末余额，减去相关的"未确认融资费用"科目的期末余额后的金额，以及"专项应付款"科目的期末余额填列。

（36）"递延收益"项目递延收益摊销期限只剩一年或不足一年的，或预计在一年内（含一年）进行摊销的部分，不得归类为流动负债，仍在该项目中填列，不转入"一年内到期的非流动负债"项目。

（37）"其他非流动负债"项目，反映企业除长期借款、应付债券等项目以外的其他非流动负债的账面价值。"其他非流动负债"项目应根据有关科目期末余额减去将于一年内（含一年）到期偿还数后的余额填列。非流动负债各项目中将于一年内（含一年）到期的非流动负债，应在"一年内到期的非流动负债"项目内单独反映。

（38）"合同资产"和"合同负债"项目。企业应按照《企业会计准则第14号——收入》的相关规定，根据本企业履行履约义务与客户付款之间的关系在资产负债表中列示合同资产或合同负债。"合同资产"项目、"合同负债"项目，应分别根据"合同资产"科目、"合同负债"科目的相关明细科目的期末余额分析填列，同一合同下的合同资产和合同负债应当以净额列示，其中净额为借方余额的，应当根据其流动性在"合同资产"或"其他非流动资产"项目中填列，已计提减值准备的，还应减去"合同资产减值准备"科目中相关的期末余额后的金额填列；其中净额为贷方余额的，应当根据其流动性在"合同负债"或"其他非流动负债"项目中填列。

由于同一合同下的合同资产和合同负债应当以净额列示，企业也可以设置"合同结算"科目（或其他类似科目），以核算同一合同下属于在某一时段内履行履约义务涉及与客户结算对价的合同资产或合同负债，并在此科目下设置"合同结算——价款结算"科目反映定期与客户进行结算的金额，设置"合同结算——收入结转"科目反映按履约进度结转的收入金额。资产负债表日，"合同结算"科目的期末余额在借方的，根据其流动性在"合同资产"或"其他非流动资产"项目中填列；期末余额在贷方的，根据其流动性在"合同负债"或"其他非流动负债"项目中填列。

（39）按照《企业会计准则第14号——收入》的相关规定确认为资产的合同取得成本，应当根据"合同取得成本"科目的明细科目初始确认时摊销期限是否超过一年或一个正常营业周期，在"其他流动资产"或"其他非流动资产"项目中填列，已计提减值准备的，还应减去"合同取得成本减值准备"科目中相关的期末余额后的金额填列。

（40）按照《企业会计准则第14号——收入》的相关规定确认为资产的

合同履约成本，应当根据"合同履约成本"科目的明细科目初始确认时摊销期限是否超过一年或一个正常营业周期，在"存货"或"其他非流动资产"项目中填列，已计提减值准备的，还应减去"合同履约成本减值准备"科目中相关的期末余额后的金额填列。

（41）按照《企业会计准则第 14 号——收入》的相关规定确认为资产的应收退货成本，应当根据"应收退货成本"科目是否在一年或一个正常营业周期内出售，在"其他流动资产"或"其他非流动资产"项目中填列。

（42）按照《企业会计准则第 14 号——收入》的相关规定确认为预计负债的应付退货款，应当根据"预计负债"科目下的"应付退货款"明细科目是否在一年或一个正常营业周期内清偿，在"其他流动负债"或"预计负债"项目中填列。

（43）企业按照《企业会计准则第 22 号——金融工具确认和计量》的相关规定对贷款承诺、财务担保合同等项目计提的损失准备，应当在"预计负债"项目中填列。

（44）"实收资本（或股本）"项目，反映企业各投资者实际投入的资本（或股本）总额。本项目应根据"实收资本（或股本）"科目的期末余额填列。

（45）"其他权益工具"项目，反映资产负债表日企业发行在外的除普通股以外分类为权益工具的金融工具的期末账面价值。对于资产负债表日企业发行的金融工具，分类为金融负债的，应在"应付债券"项目填列，对于优先股和永续债，还应在"应付债券"项目下的"优先股"项目和"永续债"项目分别填列；分类为权益工具的，应在"其他权益工具"项目填列，对于优先股和永续债，还应在"其他权益工具"项目下的"优先股"项目和"永续债"项目分别填列。

（46）"资本公积"项目，反映企业资本公积的期末余额。本项目应根据"资本公积"科目的期末余额填列。

（47）"专项储备"项目，反映高危行业企业按国家规定提取的安全生产费的期末账面价值。该项目应根据"专项储备"科目的期末余额填列。

（48）"盈余公积"项目，反映企业盈余公积的期末余额。本项目应根据"盈余公积"科目的期末余额填列。

（49）"未分配利润"项目，反映企业尚未分配的利润。本项目应根

"本年利润"科目和"利润分配"科目的余额计算填列。未弥补的亏损在本项目内以"－"号填列。

【例6-1】资产负债表的编制

北方建筑公司2×18年12月31日的资产负债表（年初余额略）及2×19年12月31日的科目余额表分别见表6-2和表6-3。假设该公司2×19年度除计提固定资产减值准备导致固定资产账面价值与其计税基础存在可抵扣暂时性差异外，其他资产和负债项目的账面价值均等于其计税基础。

假定该公司未来很可能获得足够的应纳税所得额用来抵扣可抵扣暂时性差异，适用的所得税税率为25%。根据上述资料编制该公司2×19年12月31日的资产负债表，见表6-4。

表6-2 资产负债表

会企01表

编制单位：北方建筑公司　　　日期：2×18年12月31日　　　单位：元

资产	期末余额	年初余额	负债和所有者权益(或股东权益)	期末余额	年初余额
流动资产：			流动负债：		
货币资金	1 406 300		短期借款	300 000	
交易性金融资产	15 000		交易性金融负债	0	
衍生金融资产	0		衍生金融负债	0	
应收票据	246 000		应付票据	200 000	
应收账款	299 100		应付账款	953 800	
应收款项融资	0		预收款项	500 000	
预付款项	100 000		合同负债		
其他应收款	5 000		应付职工薪酬	110 000	
存货	2 580 000		应交税费	36 600	
合同资产	0		其他应付款	500 000	
持有待售资产	0		持有待售负债	0	
一年内到期的非流动资产	0		一年内到期的非流动负债	51 000	
其他流动资产	100 000		其他流动负债	0	
流动资产合计	4 751 400		流动负债合计	2 651 400	

资产	期末余额	年初余额	负债和所有者权益（或股东权益）	期末余额	年初余额
非流动资产：			非流动负债：		
债权投资	0		长期借款	600 000	
其他债权投资	0		应付债券	0	
长期应收款	0		其中：优先股	0	
长期股权投资	250 000		永续债	0	
其他权益工具投资	0		租赁负债	0	
其他非流动金融资产	0		长期应付款	0	
投资性房地产	0		预计负债	0	
固定资产	1 100 000		递延收益	0	
在建工程	1 500 000		递延所得税负债	0	
生产性生物资产	0		其他非流动负债	0	
油气资产	0		非流动负债合计	600 000	
使用权资产	0		负债合计	3 251 400	
无形资产	600 000		所有者权益（或股东权益）：		
开发支出	0		实收资本（或股本）	5 000 000	
商誉	0		其他权益工具	0	
长期待摊费用	0		其中：优先股	0	
递延所得税资产	0		永续债	0	
其他非流动资产	200 000		资本公积	0	
非流动资产合计	3 650 000		减：库存股	0	
			其他综合收益	0	
			专项储备	0	
			盈余公积	100 000	
			未分配利润	50 000	
			所有者权益（或股东权益）合计	5 150 000	
资产总计	8 401 400		负债和所有者权益（或股东权益）总计	8 401 400	

表6-3 科目余额表

编制单位：北方建筑公司　　　　　日期：2×19年12月31日　　　　　单位：元

科目名称	借方余额	科目名称	贷方余额
库存现金	125 566.75	短期借款	50 000
银行存款	344 943.25	应付票据	100 000
其他货币资金	240 690	应付账款	603 800
交易性金融资产	0	应付股利	100 000
应收票据	46 000	预收账款	350 000
应收账款	600 100	其他应付款	50 000
坏账准备	−1 600	应付职工薪酬	180 000
预付账款	100 000	应交税费	100 000
其他应收款	5 000	应付利息	0
材料采购	305 000	应付股利	0
原材料	732 000	一年内到期的长期负债	0
周转材料	230 000	长期借款	1 160 000
库存商品	1 287 700	股本	5 000 000
材料成本差异	20 000	盈余公积	166 621.1
其他流动资产	7 125	利润分配（未分配利润）	108 037.15
长期股权投资	250 000		
固定资产	2 401 000		
累计折旧	−140 000		
固定资产减值准备	−30 000		
工程物资	100 000		
在建工程	603 933.25		
无形资产	600 000		
累计摊销	−30 000		
递延所得税资产	7 500		
其他非流动资产	162 500		
合计	7 967 458.25	合计	7 968 458.25

表 6–4　资产负债表

会企 01 表

编制单位：北方建筑公司　　　　　　日期：2×19 年 12 月 31 日　　　　　　单位：元

资产	期末余额	年初余额	负债和所有者权益（或股东权益）	期末余额	年初余额
流动资产：			流动负债：		
货币资金	711 200	1 406 300	短期借款	50 000	300 000
交易性金融资产	0	15 000	交易性金融负债	0	0
衍生金融资产	0	0	衍生金融负债	0	0
应收票据	46 000	246 000	应付票据	100 000	200 000
应收账款	598 500	299 100	应付账款	603 800	953 800
应收款项融资	0	0	预收款项	350 000	500 000
预付款项	100 000	100 000	合同负债	0	0
其他应收款	5 000	5 000	应付职工薪酬	180 000	110 000
存货	2 574 700	2 580 000	应交税费	100 000	36 600
合同资产	0	0	其他应付款	150 000	500 000
持有待售资产	0	0	持有待售负债	0	0
一年内到期的非流动资产	0	0	一年内到期的非流动负债	0	51 000
其他流动资产	7 125	100 000	其他流动负债	0	0
流动资产合计	4 042 525	4 751 400	流动负债合计	1 533 800	2 651 400
非流动资产：			非流动负债：		
债权投资	0	0	长期借款	1 160 000	600 000
其他债权投资	0	0	应付债券	0	0
长期应收款	0	0	其中：优先股	0	0
长期股权投资	250 000	250 000	永续债	0	0
其他权益工具投资	0	0	租赁负债	0	0
其他非流动金融资产	0	0	长期应付款	0	0
投资性房地产	0	0	预计负债	0	0

续表

资产	期末余额	年初余额	负债和所有者权益（或股东权益）	期末余额	年初余额
固定资产	2 231 000	1 100 000	递延收益	0	0
在建工程	703 933.25	1 500 000	递延所得税负债	0	0
生产性生物资产	0	0	其他非流动负债	0	0
油气资产	0	0	非流动负债合计	1 160 000	600 000
使用权资产	0	0	负债合计	2 693 800	3 251 400
无形资产	570 000	600 000	所有者权益（或股东权益）：		
开发支出	0	0	实收资本（或股本）	5 000 000	5 000 000
商誉	0	0	其他权益工具	0	0
长期待摊费用	0	0	其中：优先股	0	0
递延所得税资产	7 500	0	永续债	0	0
其他非流动资产	162 500	200 000	资本公积	0	0
非流动资产合计	3 924 933.25	3 650 000	减：库存股	0	0
			其他综合收益	0	0
			专项储备	0	0
			盈余公积	166 621.1	100 000
			未分配利润	108 037.15	50 000
			所有者权益（或股东权益）合计	5 274 658.25	5 150 000
资产总计	7 967 458.25	8 401 400	负债和所有者权益（或股东权益）总计	7 968 458.25	8 401 400

6.3 利润表

6.3.1 利润表的概念和作用

1. 利润表的概念

利润表是指反映企业在一定会计期间的经营成果的报表。利润表根据会计核算的配比原则，把一定时期的收入和相应的费用配比，从而计算出企业一定时期的各项利润指标。

2. 利润表的作用

利润表既是企业经营业绩的综合体现，又是企业进行利润分配的主要依据，因此，利润表是财务报表中的一张基本报表，其作用体现在以下 3 个方面：

（1）报表使用者通过利润表，可以从总体上了解企业收入和费用、净利润（或亏损）等的实现及构成情况；

（2）报表使用者通过利润表提供的不同时期的比较数字，可以分析企业的获利能力及利润的变化情况和未来发展趋势；

（3）报表使用者通过利润表，可以了解投资者投入资本的保值增值情况，评价企业经营业绩。

6.3.2 利润表的格式及内容

利润表的格式有单步式和多步式两种。按照我国《企业会计准则》的规定，我国企业的利润表采用多步式。企业可以分如下 3 个步骤编制利润表。

（1）以营业收入为基础，计算营业利润。

营业利润 = 营业收入 – 营业成本 – 税金及附加 – 销售费用 – 管理费用 – 财务费用 – 资产减值损失 + 公允价值变动收益（– 公允价值变动损失）+ 投资收益（– 投资损失）

（2）以营业利润为基础，计算利润总额。

利润总额 = 营业利润 + 营业外收入 – 营业外支出

（3）以利润总额为基础，计算净利润。

净利润 = 利润总额 – 所得税费用

普通股或潜在普通股已公开发行交易的企业，以及正处于公开发行普通股或潜在发行普通股过程中的企业，还应当在利润表中列示每股收益信息。

多步式利润表是将企业一定期间所实现的各项收入和所发生的各项费用，按其性质加以归类，按照利润形成过程分步计算出本期利润。这种格式的利润表清晰地反映了各种不同性质的收入与费用的内在联系和利润的形成过程，便于报表使用者了解企业利润的形成情况，也有利于同行业的不同企业之间进行对比分析。更重要的是，多步式利润表通常将各项收入、费用及利润分别按"本期金额"和"上期金额"两栏填列，便于报表使用者通过前后期的比较分析，了解企业经营的变化情况，有助于正确评估企业管理业绩和预测未来收益及盈利能力。

我国企业利润表采用多步式格式，如表6-5所示。

表6-5 利润表格式

利润表

会企02表

编制单位：　　　　　　　　年　　月　　　　　　　　单位：元

项目	本期金额	上期金额
一、营业收入		
减：营业成本		
税金及附加		
销售费用		
管理费用		
研发费用		
财务费用		
其中：利息费用		
利息收入		
加：其他收益		
投资收益（损失以"–"号填列）		

续表

项目	本期金额	上期金额
其中：对联营企业和合营企业的投资收益		
以摊余成本计量的金融资产终止确认收益（损失以"–"号填列）		
净敞口套期收益（损失以"–"号填列）		
公允价值变动收益（损失以"–"号填列）		
信用减值损失（损失以"–"号填列）		
资产减值损失（损失以"–"号填列）		
资产处置收益（损失以"–"号填列）		
二、营业利润（亏损以"–"号填列）		
加：营业外收入		
减：营业外支出		
三、利润总额（亏损总额以"–"号填列）		
减：所得税费用		
四、净利润（净亏损以"–"号填列）		
（一）持续经营净利润（净亏损以"–"号填列）		
（二）终止经营净利润（净亏损以"–"号填列）		
五、其他综合收益的税后净额		
（一）不能重分类进损益的其他综合收益		
1. 重新计量设定受益计划变动额		
2. 权益法下不能转损益的其他综合收益		
3. 其他权益工具投资公允价值变动		
4. 企业自身信用风险公允价值变动		
……		
（二）将重分类进损益的其他综合收益		
1. 权益法下可转损益的其他综合收益		
2. 其他债权投资公允价值变动		
3. 金融资产重分类计入其他综合收益的金额		

续表

项目	本期金额	上期金额
4. 其他债权投资信用减值准备		
5. 现金流量套期储备		
6. 外币财务报表折算差额		
……		
六、综合收益总额		
七、每股收益		
（一）基本每股收益		
（二）稀释每股收益		

6.3.3　利润表的编制

1. 利润表项目的填列方法

利润表各项目均需填列"本期金额"和"上期金额"两栏。

在编制中期利润表时，"本期金额"栏应分为"本期金额"和"年初至本期末累计发生额"两栏，分别填列各项目本中期（月、季或半年）实际发生额，以及自年初起至本中期（月、季或半年）末止的累计实际发生额。"上期金额"栏应分为"上年可比本中期金额"和"上年初至可比本中期末累计发生额"两栏，应根据上年可比中期利润表"本期金额"下对应的两栏数字分别填列。上年度利润表与本年度利润表的项目名称和内容不一致的，应对上年度利润表项目的名称和数字按本年度的规定进行调整。年终结账时，由于全年的收入和支出已全部转入"本年利润"科目，并且通过收支对比总结出本年净利润的数额，应将年度利润表中的"净利润"数字，与"本年利润"科目结转到"利润分配——未分配利润"科目的数字相核对，检查账簿记录和报表编制的正确性。

利润表"本期金额""上期金额"栏内各项数字，除"每股收益"项目外，应当按照相关科目发生额分析填列。

2. 利润表项目的填列说明

（1）"营业收入"项目，反映企业经营主要业务和其他业务所确认的收入总额。本项目应根据"主营业务收入"和"其他业务收入"科目的发生额分析填列。

（2）"营业成本"项目，反映企业经营主要业务和其他业务所发生的成本总额。本项目应根据"主营业务成本"和"其他业务成本"科目的发生额分析填列。

（3）"税金及附加"项目，反映企业经营业务应负担的消费税、城市维护建设税、资源税、土地增值税和教育费附加等。本项目应根据"税金及附加"科目的发生额分析填列。

（4）"销售费用"项目，反映企业在销售商品过程中发生的包装费、广告费等费用和为销售本企业商品而专设的销售机构的职工薪酬、业务费等经营费用。本项目应根据"销售费用"科目的发生额分析填列。

（5）"管理费用"项目，反映企业为组织和管理生产经营发生的管理费用。本项目应根据"管理费用"科目的发生额减去"管理费用"科目下的"研发费用"明细科目的发生额和"管理费用"科目下的"无形资产摊销"明细科目的发生额分析填列。

（6）"研发费用"项目，反映企业进行研究与开发过程中发生的费用化支出以及计入管理费用的自行开发无形资产的摊销。该项目应根据"管理费用"科目下的"研究费用"明细科目的发生额，以及"管理费用"科目下的"无形资产摊销"明细科目的发生额分析填列。

（7）"财务费用"项目，反映企业筹集生产经营所需资金等而发生的筹资费用。本项目应根据"财务费用"科目的发生额分析填列。

"财务费用"项目下的"利息费用"项目，反映企业为筹集生产经营所需资金等而发生的应予费用化的利息支出。该项目应根据"财务费用"科目的相关明细科目的发生额分析填列。该项目作为"财务费用"项目的其中项，以正数填列。

"财务费用"项目下的"利息收入"项目，反映企业按照相关会计准则确认的应冲减财务费用的利息收入。该项目应根据"财务费用"科目的相关明细科目的发生额分析填列。该项目作为"财务费用"项目的其中项，以正数填列。

（8）"其他收益"项目，反映计入其他收益的政府补助，以及其他与日常活动相关且计入其他收益的项目。该项目应根据"其他收益"科目的发生额分析填列。企业作为个人所得税的扣缴义务人，根据《中华人民共和国个人所得税法》收到的扣缴税款手续费，应作为其他与日常活动相关的收益在该项目中填列。

（9）"投资收益"项目，反映企业以各种方式对外投资所取得的收益。本项目应根据"投资收益"科目的发生额分析填列。如为投资损失，本项目以"－"号填列。

"以摊余成本计量的金融资产终止确认收益"项目，反映企业因转让等情形导致终止确认以摊余成本计量的金融资产而产生的利得或损失。该项目应根据"投资收益"科目的相关明细科目的发生额分析填列；如为损失，以"－"号填列。

（10）"净敞口套期收益"项目，反映净敞口套期下被套期项目累计公允价值变动转入当期损益的金额或现金流量套期储备转入当期损益的金额。该项目应根据"净敞口套期损益"科目的发生额分析填列；如为套期损失，以"－"号填列。

（11）"信用减值损失"项目，反映企业按照《企业会计准则第22号——金融工具确认和计量》（财会〔2017〕7号）的要求计提的各项金融工具信用减值准备所确认的信用损失。该项目应根据"信用减值损失"科目的发生额分析填列。

（12）"资产减值损失"项目，反映企业各项资产发生的减值损失。本项目应根据"资产减值损失"科目的发生额分析填列。

（13）"资产处置收益"项目，反映企业出售划分为持有待售的非流动资产（金融工具、长期股权投资和投资性房地产除外）或处置组（子公司和业务除外）时确认的处置利得或损失，以及处置未划分为持有待售的固定资产、在建工程、生产性生物资产及无形资产而产生的处置利得或损失。债务重组中因处置非流动资产（金融工具、长期股权投资和投资性房地产除外）产生的利得或损失和非货币性资产交换中换出非流动资产（金融工具、长期股权投资和投资性房地产除外）产生的利得或损失也包括在本项目内。该项目应根据"资产处置损益"科目的发生额分析填列；如为处置损失，以"－"号填列。

（14）"营业利润"项目，反映企业实现的营业利润。如为亏损，本项目以"－"号填列。

（15）"营业外收入"项目，反映企业发生的除营业利润以外的收益，主要包括与企业日常活动无关的政府补助、盘盈利得、捐赠利得（企业接受股东或股东的子公司直接或间接的捐赠，其经济实质属于股东对企业的资本性投入的除外）等。该项目应根据"营业外收入"科目的发生额分析填列。

（16）"营业外支出"项目，反映企业发生的除营业利润以外的支出，主要包括公益性捐赠支出、非常损失、盘亏损失、非流动资产毁损报废损失等。该项目应根据"营业外支出"科目的发生额分析填列。"非流动资产毁损报废损失"通常包括因自然灾害发生毁损、已丧失使用功能等原因而报废清理产生的损失。企业在不同交易中形成的非流动资产毁损报废利得和损失不得相互抵销，应分别在"营业外收入"项目和"营业外支出"项目进行填列。

（17）"利润总额"项目，反映企业实现的利润。如为亏损，本项目以"–"号填列。

（18）"所得税费用"项目，反映企业应从当期利润总额中扣除的所得税费用。本项目应根据"所得税费用"科目的发生额分析填列。

（19）"净利润"项目，反映企业实现的净利润。如为亏损，本项目以"–"号填列。

"（一）持续经营净利润"和"（二）终止经营净利润"项目，分别反映净利润中与持续经营相关的净利润和与终止经营相关的净利润；如为净亏损，以"–"号填列。该两个项目应按照《企业会计准则第 42 号——持有待售的非流动资产、处置组和终止经营》的相关规定分别列报。

（20）"其他权益工具投资公允价值变动"项目，反映企业指定为以公允价值计量且其变动计入其他综合收益的非交易性权益工具投资发生的公允价值变动。该项目应根据"其他综合收益"科目的相关明细科目的发生额分析填列。

（21）"企业自身信用风险公允价值变动"项目，反映企业指定为以公允价值计量且其变动计入当期损益的金融负债，由企业自身信用风险变动引起的公允价值变动而计入其他综合收益的金额。该项目应根据"其他综合收益"科目的相关明细科目的发生额分析填列。

（22）"其他债权投资公允价值变动"项目，反映企业分类为以公允价值计量且其变动计入其他综合收益的债权投资发生的公允价值变动。企业将一项以公允价值计量且其变动计入其他综合收益的金融资产重分类为以摊余成本计量的金融资产，或重分类为以公允价值计量且其变动计入当期损益的金融资产时，之前计入其他综合收益的累计利得或损失从其他综合收益中转出的金额作为该项目的减项。该项目应根据"其他综合收益"科目下的相关明细科目的发生额分析填列。

（23）"金融资产重分类计入其他综合收益的金额"项目，反映企业将一项以摊余成本计量的金融资产重分类为以公允价值计量且其变动计入其他综合收益的金融资产时，计入其他综合收益的原账面价值与公允价值之间的差额。该项目应根据"其他综合收益"科目下的相关明细科目的发生额分析填列。

（24）"其他债权投资信用减值准备"项目，反映企业按照《企业会计准则第 22 号——金融工具确认和计量》第 18 条分类为以公允价值计量且其变动计入其他综合收益的金融资产的损失准备。该项目应根据"其他综合收益"科目下的"信用减值准备"明细科目的发生额分析填列。

（25）"现金流量套期储备"项目，反映企业套期工具产生的利得或损失中属于套期有效的部分。该项目应根据"其他综合收益"科目下的"套期储备"明细科目的发生额分析填列。

【例 6-2】北方建筑公司 2×19 年度有关损益类科目本年累计发生净额如表 6-6 所示。

表 6-6　损益类科目 2×19 年度累计发生净额

编制单位：北方建筑公司 　　　　　　　　　　　　　　　　　　　　　　　单位：元

科目名称	借方发生额	贷方发生额
主营业务收入		2 470 000
主营业务成本	732 000	
税金及附加	20 000	
销售费用	180 000	
管理费用	153 100	
财务费用	40 500	
资产减值损失	30 800	
投资收益		95 000
营业外收入		150 000
营业外支出	18 500	
所得税费用	205 000	

根据上述资料，编制该公司 2×19 年度利润表，如表 6-7 所示。

表 6-7 利润表

会企 02 表

编制单位：北方建筑公司　　　　　　2×19 年度　　　　　　　　单位：元

项目	本期金额	上期金额（略）
一、营业收入	2 470 000	
减：营业成本	732 000	
税金及附加	20 000	
销售费用	180 000	
管理费用	153 100	
研发费用		
财务费用	40 500	
其中：利息费用		
利息收入		
加：其他收益		
投资收益（损失以"–"号填列）	95 000	
其中：对联营企业和合营企业的投资收益		
以摊余成本计量的金融资产终止确认收益（损失以"–"号填列）		
净敞口套期收益（损失以"–"号填列）		
公允价值变动收益（损失以"–"号填列）		
信用减值损失（损失以"–"号填列）		
资产减值损失（损失以"–"号填列）	–30 800	
资产处置收益（损失以"–"号填列）		
二、营业利润（亏损以"–"号填列）	1 408 600	
加：营业外收入	150 000	
减：营业外支出	18 500	
三、利润总额（亏损总额以"–"号填列）	1 540 100	
减：所得税费用	205 000	
四、净利润（净亏损以"–"号填列）	1 335 100	
（一）持续经营净利润（净亏损以"–"号填列）		
（二）终止经营净利润（净亏损以"–"号填列）		

续表

项目	本期金额	上期金额（略）
五、其他综合收益的税后净额		
（一）不能重分类进损益的其他综合收益		
1.重新计量设定受益计划变动额		
2.权益法下不能转损益的其他综合收益		
3.其他权益工具投资公允价值变动		
4.企业自身信用风险公允价值变动		
……		
（二）将重分类进损益的其他综合收益		
1.权益法下可转损益的其他综合收益		
2.其他债权投资公允价值变动		
3.金融资产重分类计入其他综合收益的金额		
4.其他债权投资信用减值准备		
5.现金流量套期储备		
6.外币财务报表折算差额		
……		
六、综合收益总额		
七、每股收益		
（一）基本每股收益		
（二）稀释每股收益		

6.4 现金流量表

6.4.1 现金流量表的概念和作用

现金流量表是反映企业在一定会计期间现金和现金等价物流入和流出的报表。

现金流量表可以为报表使用者提供企业一定会计期间内现金和现金等价物流入和流出的信息，便于使用者了解和评价企业获取现金和现金等价物的能力，据以预测企业未来的现金流量。

6.4.2 现金流量及其分类

现金流量是指一定会计期间内企业现金和现金等价物的流入和流出。

企业从银行提取现金、用现金购买短期国库券等现金和现金等价物之间的转换不属于现金流量。

现金是指企业库存现金以及可以随时用于支付的存款，包括库存现金、银行存款和其他货币资金（如外埠存款、银行汇票存款、银行本票存款）等。其中，银行存款必须是可以随时用于支付的存款，不能随时用于支付的存款不属于现金。

现金等价物，是指企业持有的期限短、流动性强、易于转换为已知金额现金、价值变动风险很小的投资。期限短，一般是指从购买日起 3 个月内到期。现金等价物通常包括 3 个月内到期的债券投资等。权益性投资变现的金额通常不确定，因而不属于现金等价物。企业应当根据具体情况，确定现金等价物的范围，一经确定不得随意变更。

企业产生的现金流量分为以下 3 类。

1. 经营活动产生的现金流量

经营活动，是指企业投资活动和筹资活动以外的所有交易和事项。

经营活动产生的现金流量包括销售商品或提供劳务、购买商品、接受劳务、支付工资和缴纳税款等流入和流出的现金和现金等价物。

2. 投资活动产生的现金流量

投资活动，是指企业长期资产的购建和不包括在现金等价物范围内的投资及其处置活动。

投资活动产生的现金流量主要包括购建固定资产、处置子公司及其他营业单位等流入和流出的现金和现金等价物。

3. 筹资活动产生的现金流量

筹资活动，是指导致企业资本及债务规模和构成发生变化的活动。

筹资活动产生的现金流量主要包括吸收投资、发行股票、分配利润、发行债券、偿还债务等流入和流出的现金和现金等价物。偿付应付账款、应付票据等商业应付款等属于经营活动，不属于筹资活动。

6.4.3 现金流量表的结构和内容

我国企业现金流量表采用报告式结构，分类反映经营活动产生的现金流量、投资活动产生的现金流量和筹资活动产生的现金流量，最后汇总反映企业某一期间现金及现金等价物的净增加额。我国企业现金流量表的格式如表6-8所示。

表6-8 现金流量表的格式

现金流量表

会企03表

编制单位：　　　　　　　　年　月　　　　　　　　单位：元

项目	本期金额	上期金额
一、经营活动产生的现金流量：		
销售商品、提供劳务收到的现金		
收到的税费返还		
收到其他与经营活动有关的现金		
经营活动现金流入小计		
购买商品、接受劳务支付的现金		
支付给职工以及为职工支付的现金		
支付的各项税费		
支付其他与经营活动有关的现金		
经营活动现金流出小计		
经营活动产生的现金流量净额		
二、投资活动产生的现金流量：		
收回投资收到的现金		
取得投资收益收到的现金		
处置固定资产、无形资产和其他长期资产收回的现金净额		
处置子公司及其他营业单位收到的现金净额		
收到其他与投资活动有关的现金		

项目	本期金额	上期金额
投资活动现金流入小计		
购建固定资产、无形资产和其他长期资产支付的现金		
投资支付的现金		
取得子公司及其他营业单位支付的现金净额		
支付其他与投资活动有关的现金		
投资活动现金流出小计		
投资活动产生的现金流量净额		
三、筹资活动产生的现金流量：		
吸收投资收到的现金		
取得借款收到的现金		
收到其他与筹资活动有关的现金		
筹资活动现金流入小计		
偿还债务支付的现金		
分配股利、利润或偿付利息支付的现金		
支付其他与筹资活动有关的现金		
筹资活动现金流出小计		
筹资活动产生的现金流量净额		
四、汇率变动对现金及现金等价物的影响		
五、现金及现金等价物净增加额		
加：期初现金及现金等价物余额		
六、期末现金及现金等价物余额		

6.4.4 现金流量表的编制

企业应当采用直接法列示经营活动产生的现金流量。直接法，是指通过现金收入和现金支出的主要类别列示经营活动的现金流量的方法。采用直接法列示经营活动的现金流量时，一般以利润表中的"营业收入"为起算点，调整与经营活动有关的项目的增减变动，然后计算出经营活动的现金流量。采用直接法具体编制现金流量表时，可以采用工作底稿法或 T 型账户法，也可以根据有关科目记录分析填列。

1. 经营活动产生的现金流量

（1）"销售商品、提供劳务收到的现金"项目，反映企业本年销售商品、提供劳务收到的现金，以及以前年度销售商品、提供劳务本年收到的现金（包括应向购买者收取的增值税销项税额）和本年预收的款项，减去本年销售本年退回商品和以前年度销售本年退回商品支付的现金。企业销售材料和代购代销业务收到的现金，也在本项目反映。

（2）"收到的税费返还"项目，反映企业收到返还的所得税、增值税、消费税、关税和教育费附加等各种税费返还款。

（3）"收到其他与经营活动有关的现金"项目，反映企业经营租赁收到的租金等其他与经营活动有关的现金流入，金额较大的应当单独列示。

（4）"购买商品、接受劳务支付的现金"项目，反映企业本年购买商品、接受劳务实际支付的现金（包括增值税进项税额），以及本年支付以前年度购买商品、接受劳务的未付款项和本年预付款项，减去本年发生的购货退回收到的现金。企业购买材料和代购代销业务支付的现金，也在本项目反映。

（5）"支付给职工以及为职工支付的现金"项目，反映企业本年实际支付给职工的工资、资金、各种津贴和补贴等职工薪酬（包括代扣代缴的职工个人所得税）。

（6）"支付的各项税费"项目，反映企业本年发生并支付、以前各年发生本年支付以及预缴的各项税费，包括所得税、增值税、消费税、印花税、房产税、土地增值税、车船税、教育费附加等。

（7）"支付其他与经营活动有关的现金"项目，反映企业经营租赁支付的租金、支付的差旅费、业务招待费、保险费、罚款支出等其他与经营活动有关的现金流出，金额较大的应当单独列示。

2. 投资活动产生的现金流量

（1）"收回投资收到的现金"项目，反映企业出售、转让或到期收回除现金等价物以外的对其他企业长期股权投资等而收到的现金，但处置子公司及其他营业单位收到的现金净额除外。

（2）"取得投资收益收到的现金"项目，反映企业除现金等价物以外的对其他企业的长期股权投资等分回的现金股利和利息等。

（3）"处置固定资产、无形资产和其他长期资产收回的现金净额"项目，反映企业出售、报废固定资产、无形资产和其他长期资产所取得的现金（包括因资产毁损而收到的保险赔偿收入），减去为处置这些资产而支付的有关费用后的净额。

（4）"处置子公司及其他营业单位收到的现金净额"项目，反映企业处置子公司及其他营业单位所取得的现金，减去相关处置费用以及子公司及其他营业单位持有的现金和现金等价物后的净额。

（5）"购建固定资产、无形资产和其他长期资产支付的现金"项目，反映企业购买、建造固定资产、取得无形资产和其他长期资产所支付的现金（含增值税税款等），以及用现金支付的应由在建工程和无形资产负担的职工薪酬。

（6）"投资支付的现金"项目，反映企业取得除现金等价物以外的对其他企业的长期股权投资所支付的现金以及支付的佣金、手续费等附加费用，但取得子公司及其他营业单位支付的现金净额除外。

（7）"取得子公司及其他营业单位支付的现金净额"项目，反映企业购买子公司及其他营业单位购买出价中以现金支付的部分，减去子公司及其他营业单位持有的现金和现金等价物后的净额。

（8）"收到其他与投资活动有关的现金""支付其他与投资活动有关的现金"项目，反映企业除上述（1）至（7）项目外收到或支付的其他与投资活动有关的现金，金额较大的应当单独列示。

3. 筹资活动产生的现金流量

（1）"吸收投资收到的现金"项目，反映企业以发行股票、债券等方式筹集资金实际收到的款项，减去直接支付的佣金、手续费、宣传费、咨询费、印刷费等发行费用后的净额。

（2）"取得借款收到的现金"项目，反映企业举借各种短期、长期借款而收到的现金。

（3）"偿还债务支付的现金"项目，反映企业为偿还债务本金而支付的现金。

（4）"分配股利、利润或偿付利息支付的现金"项目，反映企业实际支付的现金股利、支付给其他投资单位的利润或用现金支付的借款利息、债券利息。

（5）"收到其他与筹资活动有关的现金""支付其他与筹资活动有关的现金"项目，反映企业除上述（1）至（4）项目外收到或支付的其他与筹资活动有关的现金，金额较大的应当单独列示。

4. 汇率变动对现金及现金等价物的影响

这一项目反映下列项目之间的差额。

（1）企业外币现金流量折算为记账本位币时，采用现金流量发生日的即期汇率按照系统合理的方法确定的，与现金流量发生日即期汇率近似的汇率折算的金额（编制合并现金流量表时折算境外子公司的现金流量，应当比照处理）。

（2）企业外币现金及现金等价物净增加额按年末汇率折算的金额填列。

【例6-3】现金流量表的编制

沿用【例6-1】和【例6-2】的资料，北方建筑公司其他相关资料如下。

1. 2×19年度利润表有关项目的明细资料如下。

（1）管理费用的组成：职工薪酬 80 000 元，无形资产摊销 30 000 元，折旧费20 000 元，支付其他费用 23 100 元。

（2）财务费用的组成：计提借款利息 10 500 元，支付应收票据（银行承兑汇票）贴现利息 30 000 元。

（3）资产减值损失的组成：计提坏账准备 800 元，计提固定资产减值准备30 000 元。上年年末坏账准备余额为 800 元。

（4）投资收益的组成：收到股息收入 90 500 元，与本金一起收回的交易性股票投资收益 500 元，自公允价值变动损益结转投资收益 4 000 元。

（5）营业外收入的组成：处置固定资产净收益 150 000 元（其所处置固定资产原价为 400 000 元，累计折旧为 250 000 元，收到处置收入 300 000 元）。假定不考虑与固定资产处置有关的税费。

（6）营业外支出的组成：报废固定资产净损失 18 500 元（其所报废固定资产原价为 200 000 元，累计折旧为 180 000 元，支付清理费用 300 元，收到残值收入1 800 元）。

（7）所得税费用的组成：当期所得税费用 212 500 元，递延所得税收益 7 500 元。

除上述项目外，利润表中的销售费用 180 000 元至期末已经支付。

2．资产负债表有关项目的明细资料如下。

（1）本期收回交易性股票投资本金 15 000 元、公允价值变动 4 000 元，同时实现投资收益 500 元。

（2）存货中生产成本、制造费用的组成：职工薪酬 353 800 元，折旧费 90 000 元。

（3）应交税费的组成：本期增值税进项税额 165 512 元，增值税销项税额 207 536 元，已交增值税 10 000 元；应交所得税期末余额为 21 376 元，应交所得税期初余额为 0；应交税费期末数中应由在建工程负担的部分为 100 000 元。

（4）应付职工薪酬的期初数无应付在建工程人员的部分，本期支付在建工程人员职工薪酬 200 000 元。应付职工薪酬的期末数中应付在建工程人员的部分为 25 000 元。

（5）应付利息均为短期借款利息，其中本期计提利息 10 500 元，支付利息 10 500 元。

（6）本期用现金购买固定资产 1 200 000 元，工程物资 100 000 元。

（7）本期用现金偿还短期借款 250 000 元，偿还一年内到期的长期借款 51 000 元；借入长期借款 560 000 元。

根据以上资料，采用分析填列的方法，编制北方公司 2×19 年度的现金流量表。

1．北方公司 2×19 年度现金流量表各项目金额，分析确定如下。

（1）销售商品、提供劳务收到的现金

＝主营业务收入＋应交税费（应交增值税——销项税额）＋（应收账款年初余额－应收账款期末余额）＋（应收票据年初余额－应收票据期末余额）－当期计提的坏账准备－票据贴现的利息＋（预收账款期末余额－预收账款年初余额）

＝2 470 000＋207 536＋（299 100－598 500）＋（246 000－46 000）－800－30 000＋（350 000－500 000）＝2 397 336（元）

（2）购买商品、接受劳务支付的现金

＝主营业务成本＋应交税费（应交增值税——进项税额）－（存货年初余额－存货期末余额）＋（应付账款年初余额－应付账款期末余额）＋（应付票据年初余额－应付票据期末余额）＋（预付账款期末余额－预付账款年初余额）－当期列入生产成本、制造费用的职工薪酬－当期列入生产成本、制造费用的折旧费和固定资产修理费

＝732 000＋165 512－（2 580 000－2 574 700）＋（953 800－603 800）＋（200 000－100 000）＋（100 000－100 000）－353 800－90 000

＝898 412（元）

（3）支付给职工以及为职工支付的现金

＝生产成本、制造费用、管理费用中职工薪酬＋（应付职工薪酬年初余额－应付职工薪酬期末余额）－[应付职工薪酬（在建工程）年初余额－应付职工薪酬（在建工程）期末余额]

＝353 800＋80 000＋（110 000－180 000）－（0－25 000）

＝388 800（元）

（4）支付的各项税费

＝当期所得税费用＋税金及附加＋应交税费（应交增值税——已交税金）－（应交所得税期末余额－应交所得税期初余额）

＝212 500＋20 000＋100 000－（21 376－0）

＝311 124（元）

（5）支付其他与经营活动有关的现金＝其他管理费用＋销售费用

＝23 100＋180 000

＝203 100（元）

（6）收回投资收到的现金

＝交易性金融资产贷方发生额＋与交易性金融资产一起收回的投资收益

＝19 000＋500

＝19 500（元）

（7）取得投资收益所收到的现金

＝收到的股息收入

＝90 500（元）

（8）处置固定资产收回的现金净额

＝300 000＋（1 800－300）

＝301 500（元）

（9）购建固定资产支付的现金

＝用现金购买的固定资产、工程物资＋支付给在建工程人员的薪酬

＝1 200 000＋100 000＋200 000

＝1 500 000（元）

（10）取得借款收到的现金＝560 000（元）

（11）偿还债务支付的现金

＝250 000＋51 000

=301 000（元）

（12）偿还利息支付的现金 =30 000（元）

2．根据上述数据，编制现金流量表（见表6-9）。

表 6-9　现金流量表

会企 03 表

编制单位：北方建筑公司　　　　　　　2×19年　　　　　　　　单位：元

项目	本期金额	上期金额（略）
一、经营活动产生的现金流量：		
销售商品、提供劳务收到的现金	2 397 336	
收到的税费返还	0	
收到其他与经营活动有关的现金	0	
经营活动现金流入小计	2 397 336	
购买商品、接受劳务支付的现金	898 412	
支付给职工以及为职工支付的现金	388 800	
支付的各项税费	311 124	
支付其他与经营活动有关的现金	203 100	
经营活动现金流出小计	1 801 436	
经营活动产生的现金流量净额	595 900	
二、投资活动产生的现金流量：		
收回投资收到的现金	19 500	
取得投资收益收到的现金	90 500	
处置固定资产、无形资产和其他长期资产收回的现金净额	301 500	
处置子公司及其他营业单位收到的现金净额	0	
收到其他与投资活动有关的现金	0	
投资活动现金流入小计	411 500	
购建固定资产、无形资产和其他长期资产支付的现金	1 500 000	
投资支付的现金	0	
取得子公司及其他营业单位支付的现金净额	0	
支付其他与投资活动有关的现金	0	

续表

项目	本期金额	上期金额（略）
投资活动现金流出小计	1 500 000	
投资活动产生的现金流量净额	−1 088 500	
三、筹资活动产生的现金流量：		
吸收投资收到的现金	0	
取得借款收到的现金	560 000	
收到其他与筹资活动有关的现金	0	
筹资活动现金流入小计	560 000	
偿还债务支付的现金	301 000	
分配股利、利润或偿付利息支付的现金	30 000	
支付其他与筹资活动有关的现金	0	
筹资活动现金流出小计	331 000	
筹资活动产生的现金流量净额	229 000	
四、汇率变动对现金及现金等价物的影响	0	
五、现金及现金等价物净增加额	−263 600	
加：期初现金及现金等价物余额	1 406 300	
六、期末现金及现金等价物余额	1 142 700	

6.5 所有者权益变动表

6.5.1 所有者权益变动表的内容及结构

所有者权益变动表的内容与结构如表6–10所示。

表 6-10 所有者权益变动表格式

会企 04 表

编制单位：　　　　　　　　　　　　　　　　　　　年　度　　　　　　　　　　　　　　　　　　单位：元

项目	本年金额										上年金额									
	实收资本（或股本）	其他权益工具			资本公积	减：库存股	其他综合收益	专项储备	盈余公积	未分配利润	所有者权益合计	实收资本（或股本）	其他权益工具			资本公积	减：库存股	其他综合收益	专项储备	盈余公积	未分配利润	所有者权益合计
		优先股	永续债	其他									优先股	永续债	其他							
一、上年年末余额																						
加：会计政策变更																						
前期差错更正																						
其他																						
二、本年年初余额																						
三、本年增减变动金额（减少以"-"号填列）																						
（一）综合收益总额																						
（二）所有者投入和减少资本																						
1. 所有者投入的普通股																						
2. 其他权益工具持有者投入资本																						
3. 股份支付计入所有者权益的金额																						
4. 其他																						
（三）利润分配																						
1. 提取盈余公积																						
2. 对所有者（或股东）的分配																						
3. 其他																						
（四）所有者权益内部结转																						
1. 资本公积转增资本（或股本）																						
2. 盈余公积转增资本（或股本）																						
3. 盈余公积弥补亏损																						
4. 设定受益计划变动额结转留存收益																						
5. 其他综合收益结转留存收益																						
6. 其他																						
四、本年年末余额																						

6.5.2 所有者权益变动表的填列方法

（1）"上年年末余额"项目，反映企业上年资产负债表中实收资本（或股本）、资本公积、库存股、盈余公积、未分配利润等的年末余额。

（2）"会计政策变更""前期差错更正"项目，分别反映企业采用追溯调整法处理的会计政策变更的累积影响金额和采用追溯重述法处理的会计差错更正的累积影响金额。

（3）"本年增减变动金额"项目具体内容见表6-11。

表6-11 "本年增减变动金额"项目

项目	概念	具体内容
"净利润"		反映企业当年实现的净利润（或净亏损）金额
"直接计入所有者权益的利得和损失"	反映企业当年直接计入所有者权益的利得和损失金额	"可供出售金融资产公允价值变动净额"：反映企业持有的可供出售金融资产当年公允价值变动的金额
		"权益法下被投资单位其他所有者权益变动的影响"：反映企业对按照权益法核算的长期股权投资，在被投资单位除当年实现的净损益以外其他所有者权益当年变动中应享有的份额
		"与计入所有者权益项目相关的所得税影响"：反映企业根据《企业会计准则第18号——所得税》规定应计入所有者权益项目的当年所得税影响金额
"所有者投入和减少资本"	反映企业当年所有者投入的资本和减少的资本	"所有者投入资本"：反映企业接受投资者投入形成的实收资本（或股本）和资本溢价或股本溢价
		"股份支付计入所有者权益的金额"：反映企业处于等待期中的权益结算的股份支付当年计入资本公积的金额
"利润分配"	反映企业当年的利润分配金额	"提取盈余公积"：反映企业按照规定提取的盈余公积
		"对所有者（或股东）的分配"：反映对所有者（或股东）分配的利润（或股利）金额
"所有者权益内部结转"	反映企业构成所有者权益的组成部分之间的增减变动情况	"资本公积转增资本（或股本）"：反映企业以资本公积转增资本或股本的金额
		"盈余公积转增资本（或股本）"：反映企业以盈余公积转增资本或股本的金额
		"盈余公积弥补亏损"：反映企业以盈余公积弥补亏损的金额

【例6-4】所有者权益变动表的编制

沿用【例6-1】、【例6-2】和【例6-3】的资料，北方建筑公司其他相关资料为：提取盈余公积66 621.10元，向投资者分配现金股利1 210 441.75元。

根据上述资料，北方建筑公司编制2×19年度的所有者权益变动表，如表6-12所示。

编制单位：北方建筑公司

表 6-12 所有者权益变动表

2×19 年度

会企 04 表
单位：元

项目	本年金额							上年金额（略）						
	实收资本（或股本）	资本公积	减：库存股	其他综合收益	盈余公积	未分配利润	所有者权益合计	实收资本（或股本）	资本公积	减：库存股	其他综合收益	盈余公积	未分配利润	所有者权益合计
一、上年末余额	5 000 000	0	0	0	100 000	50 000	5 150 000							
加：会计政策变更														
前期差错更正														
二、本年年初余额	5 000 000	0	0	0	100 000	50 000	5 150 000							
三、本年增减变动金额（减少以"-"号填列）														
（一）综合收益总额						1 335 000	1 335 000							
（二）所有者投入和减少资本														
1. 所有者投入资本														
2. 股份支付计入所有者权益的金额														
3. 其他														
（三）利润分配														
1. 提取盈余公积					66 621.1	-66 621.1	0							
2. 对所有者（或股东）的分配						-1 210 441.75	-1 210 441.75							
3. 其他														
（四）所有者权益内部结转														
1. 资本公积转增资本（或股本）														
2. 盈余公积转增资本（或股本）														
3. 盈余公积弥补亏损														
4. 其他														
四、本年末余额	5 000 000	0	0	0	166 621.1	107 937.15	5 274 558.25							

6.6 附注

6.6.1 附注的定义

附注是对在资产负债表、利润表、现金流量表和所有者权益变动表等报表中列示项目的文字描述或明细资料，以及对未能在这些报表中列示项目的说明。

根据《企业会计准则》规定，附注应当披露财务报表的编制基础，应与资产负债表、利润表、现金流量表和所有者权益变动表等报表中列示的项目相互参照。

6.6.2 附注的内容

附注一般应当包括以下内容：

（1）财务报表的编制基础；

（2）遵循企业会计准则的声明；

（3）重要会计政策的说明，包括财务报表项目的计量基础和会计政策的确定依据等；

（4）重要会计估计的说明，包括下一会计期间内很可能导致资产、负债账面价值重大调整的会计估计的确定依据等；

（5）会计政策和会计估计变更以及差错更正的说明；

（6）对已在资产负债表、利润表、现金流量表和所有者权益变动表中列示的重要项目的进一步说明；

（7）或有和承诺事项、资产负债表日后非调整事项、关联方关系及其交易等需要说明的事项。

企业应当在附注中披露在资产负债表日后、财务报告批准报出前提议或宣布发放的股利总额和每股股利金额（或向投资者分配的利润总额）。

下列各项未在与财务报表一起公布的其他信息中披露的，企业应当在附注中对其进行披露：

  （1）企业注册地、组织形式和总部地址；

  （2）企业的业务性质和主要经营活动；

  （3）母公司以及集团最终母公司的名称。

6.7　财务报告的审计

  财务报告审计是注册会计师的一项法定审计业务。《中国注册会计师鉴证业务基本准则》和《独立审计具体准则第 1 号——会计报表审计》，对企业财务报告审计的目的与范围、审计计划、审计实施和审计报告做出了详细规定。

6.7.1　财务报告审计的目的

  财务报告审计的目的是对被审计单位财务报告的以下方面发表审计意见：

  （1）财务报告的编制是否符合《企业会计准则》及国家其他有关财务会计法规的规定，即合法性；

  （2）财务报告在所有重大方面是否公允地反映了被审计单位的财务状况、经营成果及财务状况变动情况，即真实性；

  （3）会计方法的选用是否符合一贯性原则。

  注册会计师的审计意见只是合理地保证财务报告使用者确定已审计财务报告的可靠程度，给财务报告使用者提供一个可以做出正确决策的机会，不能被认为是对被审计单位持续经营能力及其经营效率、效果所做出的承诺。

6.7.2　财务报告的审计范围

  （1）法律、法规规定应当由注册会计师进行财务报告审计的企业单位；

  （2）《审计业务约定书》约定的被审计单位会计报告期内与财务报告有关的事项，以及影响注册会计师做出专业判断的所有方面；

  （3）被审计单位会计报告期内的会计凭证、账簿、财务报告及其他有关资料。

6.7.3　审计计划

（1）企业要与会计师事务所签订《审计业务约定书》，其中要明确审计目的、范围及双方责任与义务等事项。

（2）注册会计师在对被审计单位的审计事项、内部控制制度等方面进行调查、研究和评价的基础上，制订审计计划，从中确定审计程序和方法，作为实施财务报告审计工作的依据，以保证及时、有效地进行审计工作。

6.7.4　审计实施

财务报告审计，涉及被审计单位和注册会计师两个方面的工作关系。正确处理好两者的关系，是实施审计的重要保证。

1. 被审计单位在财务报告审计过程中的主要责任

（1）及时提供注册会计师所要求的全部资料，并保证资料的真实、合法、完整。

（2）为注册会计师提供必要的条件及合作，随时介绍有关情况，及时解释注册会计师提出的问题。

（3）按照约定条件向会计师事务所及时足额支付审计费用。

2. 对注册会计师实施审计的要求

（1）严格遵循独立、客观、公正的审计原则。

（2）按照审计计划，实施审计程序。

（3）一般采用抽样审计的方法，必要时采用检查、监盘、观察、查询及函证、计算、分析复核等方法，获得充分、适当的审计证据。

（4）对审计工作认真进行记录，形成审计工作底稿。

（5）对执行业务过程中知悉的商业秘密保密。

（6）对发现的被审计单位会计账目和财务报告中数据、内容或处理方法方面的错误，提出改正意见和调整说明。

（7）对发现的被审计单位对重要会计事项的会计处理与国家有关规定相抵触，会计处理直接损害报告使用者或其他利害关系人的利益，财务会计处理会导致报告使用者或其他利害关系人产生重大误解，财务报告中的有关重要事项有其他不实的内容等问题，要向委托人明确提出。

（8）认真研究并整理所取得的审计证据，及时出具审计报告。

6.7.5 审计报告

审计报告是注册会计师根据独立审计准则的要求，在实施了必要的审计程序后出具的，用于对被审计单位年度财务报表发表审计意见的书面文件。审计报告一般包括标题、收件人、范围段、意见段、签章、会计师事务所地址和报告日期等基本内容。

1. 审计报告的作用

（1）鉴证作用。审计报告对被审计单位财务报表中所反映的财务状况、经营成果和现金流量情况的合法、公允和一贯具有鉴证作用。

（2）保护作用。审计报告在一定程度上对被审计单位的财产、债权人和股东的权益及其他利害关系人的利益起到保护作用。

（3）证明作用。审计报告可以证明注册会计师在审计过程中是否完成预定的审计程序，是否以审计工作底稿为依据客观地表示审计意见，表示的审计意见是否与被审计单位的实际情况相一致，审计工作的质量是否符合一定的要求。审计报告可以证明注册会计师审计责任的履行情况。

2. 审计报告的分类

（1）审计报告按照性质可分为标准审计报告和非标准审计报告。标准审计报告是指格式和措辞基本统一的审计报告，一般适用于对外公布。非标准审计报告是指格式和措辞不统一，可以根据具体审计项目的问题来决定的审计报告，一般适用于非对外公布。

（2）审计报告按使用的目的可分为公布目的的审计报告和非公布目的的审计报告。公布目的的审计报告，一般是用于对企业投资者、债权人等非特定利益关系者公布的附送财务报表的审计报告。非公布目的的审计报告，一般是用于经营管理、合并或业务转让、融资等特定目的的审计报告。

（3）审计报告按照详简程度可分为详式审计报告和简式审计报告。详式审计报告又称长式审计报告，它是指对审计对象所有重要事项都要做详细说明和分析的审计报告。详式审计报告一般适用于非公布目的，具有非标准审计报告的特点，主要用来帮助企业改善经营管理。简式审计报告，又称短式审计报告，它是指注册会计师对应公布的财务报表进行审计后所编制的简明扼要的审计报告。简式审计报告所反映的内容是非特定多数的利害关系人共同认为必要的审计事项，它具有记载法规或审计准则所规定的特征，属于标准的审计报告，一般适用于公布目的。

3. 审计报告的一般原则

（1）注册会计师应当在实施了必要的审计程序后，对财务报表实施总体性复核，并按照中国注册会计师审计准则的要求，以经过核实的审计证据为依据，形成审计意见，出具审计报告。

（2）注册会计师应对其出具的审计报告的真实性、合法性负责。审计报告的真实性是指审计报告应如实反映注册会计师的审计范围、审计依据、已实施的审计程序和应发表的审计意见。审计报告的合法性是指审计报告的编制和出具必须符合《中华人民共和国注册会计师法》和独立审计准则的规定。

（3）注册会计师对在审计过程中发现的需要调整的审计差异，应提请被审计单位加以调整。如果被审计单位不接受调整建议，注册会计师应当根据需要调整事项的重要程度，确定是否在审计报告中予以反映，以及如何反映。

（4）对于截至审计报告日被审计单位仍未调整或披露的期后事项，注册会计师应提请被审计单位予以调整或披露。如果被审计单位不接受建议，注册会计师应根据其类型和重要程度，确定是否在审计报告中反映，以及如何反映。

（5）对于截至审计报告日被审计单位仍未披露的或有损失，注册会计师应当提请被审计单位予以披露。如果被审计单位不接受建议，注册会计师应当根据其重要程度确定是否在审计报告中反映。

（6）注册会计师出具的审计报告，应由注册会计师和会计师事务所签章后，经送委托人，无须经其他单位审定。注册会计师在出具审计报告时，应同时附送已审计的财务报表。

（7）注册会计师应当要求委托人按照《审计业务约定书》的要求使用审计报告。委托人或其他第三者因使用审计报告不当所造成的后果，与注册会计师及其所在的会计师事务所无关。

4. 审计报告的类型

注册会计师在实施必要的审计程序后，以经过核实的审计证据为依据，分析、评价审计结论，形成审计意见，出具审计报告。审计报告的基本类型有以下5种。

（1）出具标准无保留意见的审计报告的条件：

①财务报表的编制符合《企业会计准则》和国家其他有关财务会计法规的

规定；

②财务报表在所有重大方面公允地反映了被审计单位的财务状况、经营成果和现金流量情况；

③会计处理方法的选用符合一贯性原则；

④注册会计师已按照审计准则的要求，实施了必要的审计程序，在审计过程中未受阻碍和限制；

⑤财务报表不存在应调整而被审计单位未予调整的重要事项。

（2）出具带解释段的无保留意见的审计报告的情形。

①重大不确定事项。不确定事项是指对其结果无法做出合理估计，也无法预知其对财务报表反映的影响程度的事项，如胜败概率相当的未决诉讼，大宗应收账款的变现能力，出现未保险的地震、洪水灾害损失等。

②一贯性的例外事项。如果被审计单位某项会计政策及会计处理方法发生合理改变，并且已经对这种改变的性质和影响在报表的附注中做出充分披露说明，注册会计师仍可认为该单位选用的会计政策和会计处理方法符合一贯性原则。

③注册会计师同意偏离已颁布的会计准则。在某些特殊情况下，注册会计师会认为被审计单位的某项重要处理偏离会计准则是必要的，可以更公允地反映经济业务的性质，避免财务报表使用者的误解。

④强调某一事项。在某些特定情况下，注册会计师虽然出具无保留意见审计报告，但仍想对某个与财务报表有关的具体事项加以强调，因而可以在审计报告的意见段之后增加解释段，对这些重大事项单独进行解释说明。

⑤涉及其他注册会计师的工作。注册会计师有时要依赖其他单位的注册会计师代为完成部分审计工作。如果对其他注册会计师的工作无法进行复查，或由其他注册会计师代为完成的部分在整个财务报表中很重要，则应在审计报告意见段后面增加解释段，以说明其他注册会计师的工作。

（3）出具保留意见的审计报告的情形。保留意见，表示注册会计师对被审财务报表总体上给予肯定，但对某些事项有所保留的审计意见。存在下述情况之一时，应出具保留意见的审计报告：

①个别重要财务会计事项的处理或个别重要财务报表项目的编制不符合《企业会计准则》及国家其他有关财务会计法规的规定，被审计单位拒绝进行调整；

②因审计范围受到重要的局部限制，注册会计师无法按照审计准则的要求取得应有的审计证据；

③个别重要会计处理方法的选用不符合一贯性原则。

（4）出具否定意见的审计报告的情形。当未调整事项、未确定事项、违反一贯性原则的事项等对财务报表的影响程度在一定范围时，注册会计师可以发表保留意见。但如果这些事项的性质十分严重，或者其影响程度超出了一定的范围，以至于整个财务报表无法被接受时，注册会计师就应当出具否定意见的审计报告。存在下述情况之一时，应当出具否定意见的审计报告：

①会计处理方法的选用严重违反了《企业会计准则》及国家有关财务会计法规的规定，被审计单位拒绝进行调整；

②财务报表严重歪曲了被审计单位的财务状况、经营成果和现金流量情况，被审计单位拒绝进行调整。

（5）出具无法表示意见的审计报告的情形。保留意见或否定意见是注册会计师在取得充分、适当的审计证据后形成的，并不是无法判断使用的措辞或问题的归属。当注册会计师由于某些限制而不能对某些重要事项取得证据，没有完成取证工作，因而无法判断问题的归属时，就应当出具无法表示意见的审计报告。

无法表示意见的审计报告，表达注册会计师因无法收集到充分、适当的审计证据，而无法对被审财务报表表示审计意见。它意味着注册会计师对被审计单位的财务报表不能发表意见，既不能有所保留，也不能加以肯定或否定。

无法表示意见的审计报告是各方都不愿意接受的审计报告，只有当注册会计师在审计过程中，由于受到委托人、被审计单位或客观环境的严重限制，不能获取必要的审计证据，以致无法对财务报表整体表示审计意见时，才迫不得已出具无法表示意见的审计报告。

第 **7** 章
现代化工作方式：会计电算化

7.1　会计电算化的概念和主要内容

7.1.1　会计电算化的概念

　　会计电算化是会计基础工作的重要内容。所谓会计电算化，就是会计业务的电子计算机化，是指计算机技术在会计工作中的应用，即采用计算机替代人工记账、算账、报账，以及对会计信息进行分析和利用的过程。具体来讲，会计电算化就是由专业人员编制会计软件，由会计人员及有关的操作人员操作会计软件，指挥计算机替代人工来完成会计工作的活动。会计电算化的开展，提高了会计工作的效率和质量，促进了会计工作的规范化和会计工作职能的转变，为整个管理工作现代化奠定了基础。会计电算化是管理现代化和会计自身改革和发展的客观需要，是时代发展的必然，是会计工作的发展方向。

　　为了使《会计基础工作规范》中的会计电算化内容更加细化，以便指导基层单位开展会计电算化工作，财政部于 1996 年发布了《会计电算化工作规范》。本章将根据这两个规定中的精神，介绍会计电算化的有关内容。

7.1.2　会计电算化的 3 个层次

　　会计电算可以分为 3 个基本层次，即会计核算电算化、会计管理电算化、会计决策电算化。

1. 会计核算电算化

　　会计核算电算化是会计电算化的第一个层次，其主要内容包括：设置会计科目电算化、填制会计凭证电算化、登记会计账簿电算化、进行成本计算电算化、编制会计报表电算化等。使用电子计算机进行会计核算的单位，必须按照《会计法》的要求，确保所使用软件及其生成的会计资料符合国家统一的会计制度的规定。

（1）设置会计科目电算化。设置会计科目电算化是通过会计核算软件的初始化功能实现的，即在会计核算软件开始投入使用时输入一级会计科目和明细会计科目的名称及编码。

（2）填制会计凭证电算化。各个会计核算软件中会计凭证（记账凭证）的填制方法有所不同。有的会计核算软件要求根据原始凭证直接在计算机上填制记账凭证；有的会计软件要求直接将原始凭证输入计算机，由计算机根据输入的原始凭证数据自动编制记账凭证。对于计算机自动编制的记账凭证，还需由会计人员进行确认。

（3）登记会计账簿电算化。登记会计账簿电算化一般分两个步骤进行，首先是由计算机根据会计凭证自动登记机内账簿，其次是把机内会计账簿打印输出。

（4）进行成本计算电算化。成本计算电算化是由计算机根据机内有关成本费用的各项数据，按照国家统一的会计制度规定的方法自动进行成本计算。许多通用会计软件提供多种成本计算方法供用户选用。

（5）编制会计报表电算化。在通用会计软件中，编制会计报表工作都是由计算机自动完成的。我国通用会计软件一般都提供通用报表生成器或可由用户自定义报表的报表生成功能模块，帮助用户编制各种对内、对外会计报表。

2. 会计管理电算化

会计管理电算化是在会计核算电算化的基础上，利用会计核算提供的数据和其他有关数据，借助计算机会计管理软件提供的功能和信息，帮助财会人员合理地筹措和运用资金、节约生产成本和经费开支、提高经济效益。会计管理电算化主要有以下几项任务。

（1）进行会计预测。会计预测即根据计算机内存储的会计核算历史数据，并按照现有条件和要求，在会计管理软件的指挥下，补充输入计算机一部分数据，并选定预测方法后，由计算机进行预测和输出预测结果。

（2）编制财务计划。财务计划是会计预测的系统化和具体化，可由计算机自动完成，编制财务计划的方法需要事先在会计管理软件中加以定义。

（3）进行会计控制。会计控制主要通过预算控制软件和责任会计软件来实现，这两个软件是会计管理软件的两个部分，都需要会计核算软件提供详细的数据。

（4）开展会计分析。会计分析即采用会计管理软件分析和评价计划的完成情况，找出差异和努力的方向。

3. 会计决策电算化

会计决策电算化是会计电算化的最高阶段，在这个阶段，由会计辅助决策支持软件来完成决策工作。该软件根据会计预测的结果，对产品销售和定价、生产、成本、资金和企业经营方向等内容进行决策，并输出决策结果。

7.2　会计电算化软件的功能与选择

《会计电算化工作规范》提出："各单位应根据实际情况和财力状况，选择与本单位会计电算化工作规划相适应的计算机机种、机型和系统软件及有关配套设备。""配备会计软件是会计电算化的基础工作，选择会计软件的好坏对会计电算化的成败起着关键性的作用。"这是对各单位选择计算机运行环境和会计软件提出的原则性要求。

7.2.1　如何获得会计软件

会计软件的取得方式有以下 3 种。

（1）选购通用会计软件。我国通用会计软件行业发展已经比较成熟，知名的品牌有"金蝶""用友"等，选用通用会计软件的优点是见效快、成本低、质量高、维护有保障；缺点是不一定能完全满足管理需要，对会计人员素质要求较高。

（2）定点开发软件。有些企业规模较大，会计核算上具有一定的特殊性，选用通用会计软件不能满足其使用的要求，这种情况下就可以聘请专业的软件公司量身定做专用的会计软件。这种方式的优点是针对性好、适用性强、操作容易；缺点是投资大、周期长、难以保持技术先进、需要有相应的技术改进和技术支持人员。开发方式有自己开发、委托开发和联合开发等。

（3）二次开发。二次开发即先购买通用软件，再在其基础上根据本单位需要进行二次开发，以克服通用软件不能完全满足本单位需要的缺点。采用这种方式最大的缺点就是软件的系统性不强。

7.2.2　常用的会计核算软件的功能模块

会计核算软件是专门用于会计核算工作的电子计算机应用软件，包括采用各种计算机语言编制的用于会计核算工作的计算机程序，可以替代人工，完成会计核算任务。

会计核算系统是以账务处理功能为核心，包括多种功能的有机组合体。大部分的会计核算软件将会计核算系统按功能划分为若干个相对独立的子系统，子系统每一部分的功能简单明了并相对独立，各子系统的会计信息相互传递与交流进而形成完整的会计核算系统。会计核算软件中具备相对独立地完成会计数据输入、处理和输出功能的各个部分，称为会计核算软件的功能模块。

会计核算软件的功能模块包括以下几部分。

1. 账务处理模块

账务处理模块主要以会计凭证为原始数据，按会计科目，统计指标体系对记账凭证所记载的经济内容，进行记录、分类、计算、加工、汇总，输出总分类账、明细分类账、日记账及其他辅助账簿、凭证和报表。

账务处理模块的功能主要包括：① 账务初始（建账）；② 凭证处理（输入、审核、汇总等）；③ 查询；④ 对账；⑤ 结账；⑥ 打印输出；⑦ 其他辅助功能。

账务初始功能是根据程序要求和内部管理需要自定义会计科目体系、记账凭证格式、账簿体系的过程。其相当于人工状态下设立一套新的账务核算体系，是用计算机建账的过程。

凭证处理功能包括凭证的输入、修改、审核、汇总、打印等内容。

查询功能是设定查询条件，灵活迅速查询某会计期间的会计凭证及有关明细账、总账的有关内容。例如，寻找特定内容的会计凭证，查找会计科目的发生额或余额等。

对账功能一部分由程序自动检查核对，如总账、明细账、日记账之间的账账核对；另一部分则由用户核对，如与银行对账单核对，与往来账核对，与其他辅助账核对等，并能做出调节表等相关资料。

结账功能由程序完成，按国家会计制度规定，按会计科目分级进行计算、汇总，结出借方、贷方发生额和余额，结束当期核算，开始下一个会计核算循环。结账还包括会计信息跨年度结转，开始一个新的会计年度的特殊内容。

打印输出功能是打印记账凭证、账簿等会计信息资料，以便用户使用和归档保管。

2. 报表处理模块

报表处理模块是按国家统一的会计制度规定，根据会计资料而编制会计报表，向公司管理者和政府部门提供财务报告的模块。会计报表按其汇编范围可分为个别报表、汇总报表以及合并报表。

报表处理模块的功能包括：① 报表定义；② 报表计算；③ 报表汇总；④ 报表查询；⑤ 报表输出。

报表定义是建立一个新的报表体系所做的工作。主要包括：定义报表名称，描述空白表格的格式，定义报表项目填写内容的数据来源和报表项目及运算关系，确定表格项目审核校验及报表间项目的勾稽关系，检查公式以及汇总报表的汇总范围等。

经过报表定义之后，就可以按规定计算或汇总产生所需要的会计报表，通过审核校验确认后，可以打印、复制、查询、输出会计报表。

3. 固定资产核算模块

固定资产核算模块主要用于固定资产明细核算及管理。

固定资产核算模块的功能包括：① 建立固定资产卡片；② 建立固定资产账簿；③ 录入固定资产变动情况；④ 计提固定资产折旧；⑤ 汇总计算；⑥ 查询及打印输出；⑦ 编制转账凭证。

此模块主要根据财务制度的规定，建立固定资产卡片，确定固定资产计提折旧的系数、方法，录入固定资产增减变动情况，汇总计算固定资产原值、累计折旧及净值；按预先设计自动编制转账分录，完成转账的记录，打印输出固定资产明细账和资料卡片，详细反映固定资产价值状况。

4. 工资核算模块

工资核算模块以计提发放职工个人工资的原始数据为基础，计算职工工资，处理工资核算。

工资核算模块的功能包括：①设计工资项目及项目计算公式；②录入职工工资基础资料；③增减变动及修改；④计算汇总；⑤查询；⑥打印输出。

工资核算模块，首先设计工资的项目及项目计算公式，按项目录入职工应发、扣减、实发金额，按使用者的要求计算配发不同面值的零、整钱数。

该模块应具备自行定义工资的项目，选择分类方式，灵活修订工资项目，调整职工个人基础资料，定义工资计算公式（如代扣个人所得税计算公式等）进行汇总计算。自动制作转账凭证，填制分录，进行工资分配，计算工资福利费。

5. 其他模块

其他模块主要包括存货核算、成本核算、应收应付款核算、销售核算和财务分析等。根据行业的特点，又有零售业进销存核算系统、批发业进销存核算系统等；根据管理的需要，又有劳资人事管理系统、国有资产管理系统等。

7.2.3 选择通用会计软件

针对大多数企、事业单位而言，选择通用会计软件是最常见的方式。在选择通用会计软件时，应主要从以下几个方面对会计软件进行认真的考察和比较。

1. 本单位会计核算的需要

对于会计软件最基本的要求就是满足本单位会计核算的需要，因此在选择会计软件时，首先要明确本单位会计核算的需要。

（1）行业特点。每个行业的会计工作都有其特殊性，从而决定了各单位购买会计软件时，必须考虑行业的特点。例如，工业企业与商品流通企业的会计工作，在具体核算上，其内容和标准不尽相同，其他各行业也是如此。当然，通用会计软件的某些功能是可以在某几个行业甚至各行业中通用的，但购买会计软件在满足财会工作的共性时，更要满足其特殊性，这样才能真正发挥其作用。

（2）本单位会计核算的要求。企业规模的大小、会计业务需要处理的数据量的多少、会计核算精确度的高低，以及是否分级核算等，这些都将决定购买会计软件的性质和功能。

具体需要考虑如下内容：企业日（或月）处理凭证的总数；企业会计科目的分级与长度；会计数据的最大值与最小值；每月所要保存的会计数据量；企业的规模及会计工作的分工。另外，还需考虑本企业发展速度对上述各项的影响，以及企业的资金效益等情况。

2. 软件的功能

尽管会计软件的功能大同小异，但当企业有特殊的要求时，一定要结合本单位的会计核算需要，对软件的功能进行对比选择。

（1）主处理功能。主处理功能指完成会计业务的一般工作，正确处理会计业务流程，填制会计凭证，登记会计账簿，输出财会信息等工作。一般通用软件主处理功能都比较齐全，不管是账务子系统还是其他子系统，都不可缺少地拥有输入功能、处理功能和输出功能，但其格式和处理方法各有不同。

（2）辅助功能。这是为主处理功能服务的，以方便主处理功能的正常使用。没有这些功能，主处理功能也照样能使用，但有了这些辅助功能，系统使用起来更加方便。辅助功能包括提示功能、帮助功能、引导操作功能、全屏编辑功能、辅助计算器等一切有利于用户使用软件系统的所有功能。

（3）服务功能。服务功能担负着会计信息系统的后勤保障任务，从而保证会计信息系统的正常运行。它包括：重建索引文件，以恢复被破坏的数据秩序；复制会计数据档案，以防其丢失；恢复会计信息系统以及其已丢失或已被破坏的数据；清理存储空间；等等。

（4）控制功能。它完成内部控制在会计信息系统中的任务，制约会计信息系统按规范的、正确的会计工作流程进行处理，并防止非法的和错误的输入、输出以及其他操作。它包括：输入数据的正确性控制（包括性质、长度、范围等），输出内容使用的控制，正确处理顺序和方式的控制，使用权限的控制；等等。虽然控制功能不像其他功能可以直接从界面上看出，但它们确实存在于整个系统中，而且是必不可少的，控制功能越丰富，系统安全性越高，系统正常运行就越有保证。

3. 软件的合法性

合法性是指软件应符合国家相关法规的要求。对通用会计软件的合法性来说，主要应满足财政部颁布的《会计电算化管理办法》中对会计软件的以下 10 条基本要求。

（1）软件提供的数据输入项目，满足财政部或财政部审核批准的现行会计制度的规定。

（2）软件提供用户的会计科目编码方案符合财政部或财政部审核批准的会计制度中有关会计科目编码方案的规定。

（3）软件具有必要的防范会计数据输入差错的功能。

（4）软件的计算和结账功能符合财政部或财政部审核批准的现行会计核算制度的规定。

（5）经计算机登账处理的系统内会计凭证及据以登记的相应账簿，软件只能提供留有痕迹的更正功能。

（6）软件具有按规定打印输出各种账簿以及必要的查询功能，打印输出的账页连续编号。

（7）对计算机根据已输入的会计凭证和据以登记的相应账簿生成的各种报表数据，软件无修改功能。

（8）软件具有防止非指定人员擅自使用和对指定操作人员实行使用权限控制的功能。

（9）对存储在磁性介质或在其他介质上的程序文件和相应的数据文件，软件有必要的保护措施。

（10）软件具有在计算机发生故障或由于其他原因引起内、外存会计数据破坏的情况下，使用原有数据恢复到最近状态的功能。

此外，通用会计软件还应满足《会计电算化管理办法》中其他有关规定，例如设置的功能应保证日记账每日打印等。

4. 软件运行的安全性和可靠性

安全性指软件防止会计信息被泄露和破坏的能力。可靠性是指软件防错、查错及纠错，防止产生不正确的会计信息的能力。评价通用会计软件的安全性和可靠性，主要是考察安全性保证措施是否能有效地防止会计信息的泄露和破坏等；各种可靠性保证措施是否能有效地防止差错的发生，在发生时能否及时查出并能进行修改。

为了保障安全性和可靠性，系统本身应设有多种控制措施，如权限设置、复核功能设置、各种校验功能设置和处理顺序控制。采用信息加密技术和存取控制技术，设立备份和恢复功能等，可以有效地保证软件的安全性和可靠性，但由于购买软件时，不可能得到详细的源程序代码等技术文档，对安全性和可靠性审查主要通过测试软件来进行。

5. 软件的易使用性

易使用性主要指软件系统易学易用易懂的性能。可以考察以下几个方面。

（1）界面的友好性。会计软件的界面是否简洁明了，提示是否清楚丰富，所用语言是否符合财会人员的习惯，输入输出的格式是否规范等，这些构成了界面友好性的主要内容。

（2）操作的易学性。对备选会计软件进行实践考察，评价会计软件的各种屏幕输入格式是否简洁明了，是否有各种操作提示，各种提示的用语是否表达准确并符合会计人员的习惯，各种自定义功能是否便于学习等。

（3）软件是否便于操作。这主要包括操作是否简单，各种自定义功能及控制措施的使用是否简洁实用，自动化程度是否很高，辅助功能及服务功能是否丰富实用等。

（4）厂家提供资料的完整性和通俗易懂。在购买会计软件前，还需对会计软件使用手册是否通俗易懂进行评价。评价手册是否通俗易懂主要把握：内容是否完整；手册是否实用；各种命令、功能的用法解释是否清楚；手册中的范例是否实用等。

6. 软件的易适应性

易适应性指软件能很好地适应企业财务处理的具体情况，并在企业财务工作内容发生变化时，能方便地适应这些变化的程度。例如，对于科目的变化、报表格式及内容的变化、各种比率的变化以及核算内容的变化等，软件能否方便地适应这些变化。

7. 软件的购置费用

一般地，通用会计软件的购置费用包括：软件费用；资料费用及培训费用；安装费用；售后服务费用；其他配套费用，如专为软件配置的系统软件及防病毒软件的购置费用；网络软件、增加工作站的费用等。

考虑费用问题时，不能仅以总费用高低来进行选择，应综合考虑软件的质量和满足需要的程度，以求选择既能满足会计处理的要求，性能价格比又是最优的软件。

8. 软件的售后服务

会计软件售后服务对用户来说至关重要。会计信息系统是一个连续运行的系统，任何时候均不能间断，一旦系统中断正常运行，会给用户带来重大的损失。因此，仔细考察会计软件售后服务情况，对企、事业单位选择会计软件十分重要。

一般厂家都会为用户提供售后服务，然而各厂家所提供售后服务的方式和内容不尽相同，因此，在考察厂家售后服务时，应注意以下几个方面。

（1）售后服务的内容：一般应包括用户培训、日常维护、系统初始化、二次开发、版本升级等。

（2）厂家维护能力：厂家维护能力取决于维护人员的数量和质量，以及厂家软件的销售量。

（3）维护费用：维护费用的交纳方式及数量，也是重点需要考虑的内容之一。

（4）维护方式：即售后服务的具体办法，包括是否终身维护、是否上门维护、是由总公司维护还是由本地维护点维护，维护是否及时等。

7.3 利用计算机进行会计核算

有了合适的计算机硬件、软件环境和相应的会计软件后，接下来的工作就是如何利用计算机及其相应的软件来完成本单位的会计核算工作。

7.3.1 会计核算电算化的特点

使用计算机进行会计数据处理与传统手工方式相比有以下特点。

（1）数据处理一体化。在手工方式下，从编制原始凭证、记账凭证到登账、结账、编制会计报表，要经过很多人才能完成，增加了数据处理中出现差错的可能性；而计算机则不同，数据一旦进入系统，记账、对账、汇总编制会计报表等，都在一个一体化处理过程中。

（2）信息存放磁盘化。在手工方式下，一切信息都记录在会计凭证、账簿、报表等纸质媒介上；而计算机方式下，除原始凭证外，其他所有信息都能存放在计算机的磁性介质（硬盘、软盘）中，同时，随时可以根据需要，将信息打印到纸介质上。磁盘可以进行拷贝，使会计数据的保存更加安全。

（3）查询高速自动化。在手工方式下，要查询一个数据，特别是收集某一汇总或加总数据时速度很慢。而用计算机查询，可以设定查询的条件，很快地查到所需要的数据；另外，在查阅时，还可以归类，打印查询结果。

7.3.2　会计核算电算化一般要求

依据《会计法》第 13 条规定："使用电子计算机进行会计核算的，其软件及其生成的会计凭证、会计账簿、财务会计报告和其他会计资料，也必须符合国家统一的会计制度的规定。"这是《会计法》对会计电算化的基本要求，包括以下两个方面。

第一，使用的会计软件应当符合财政部关于会计软件应达到的标准并经过相应机关的评审。因为会计软件是会计电算化的重要手段和工具，会计软件符合国家会计制度规定的会计核算要求和会计人员的习惯，是保证会计数据质量和会计核算工作正常秩序的前提。所以，法律上要求实行会计电算化的单位，所使用的会计软件必须符合国家的有关规定。

第二，用电子计算机生成的会计资料应当符合国家统一的会计制度的要求。因为尽管一个质量可靠的会计软件可以为生成合法、真实、准确、完整的会计数据提供前提条件，但由于技术上、设备上、操作人员水平上的原因，生成的会计数据仍有可能不符合国家统一会计制度的要求。所以，法律上要求实行会计电算化的单位，电子计算机生成的会计凭证、会计账簿和其他会计资料，在格式、内容以及数据的合法、真实、准确、完整等方面必须符合国家统一会计制度的规定。

7.3.3　企业实行会计核算电算化前需要做哪些准备工作

企业在决定使用电子计算机来建立会计核算系统前，需要做以下准备工作。

1. 人员方面

建立计算机会计信息系统，首先要考虑人员的组织。会计电算化的组织成员，主要由本企业的计算机专业人员和会计人员共同组成。建立电算化会计信息系统，常采用以下几种方式：第一，定点开发（包括本单位自行开发、委托其他单位开发和联合开发 3 种形式）；第二，选择通用会计软件；第三，通用会计软件和定点开发相结合。

一般企业以外购通用会计软件为主。企业应选择对计算机有兴趣的会计人员作为骨干，配备计算机专业人员。财务主管在这一过程中的主要职责是确认电算化信息的需求，监督会计软件和计算机硬件的选配是否满足会计业务要求，并确定会计人员在会计电算化工作中的岗位分工。

2. 硬件方面

硬件方面应考虑工作方式和硬件配制。

工作方式包括单机式、多机式和网络式。单机式是指每一时刻计算机只能接受一个人的指令，即只能供一个人使用，每次只能完成一项任务的工作方式。单机式主要配置一台主机、键盘、显示器等外部设备。多机式是指在一台主机上通过特定硬件，连接若干台终端设备，支持多个用户同时使用的多用户、多任务的工作方式。网络式是按一定方式，通过通信设备，将不同区域的不同计算机联结起来的一种工作方式。网络式最显著的特点是会计信息资料共享，即将一个计算机系统的信息通过网络联结提供给同一网络的不同计算机用户。

硬件配置主要是指主机，主机决定了机器的性能，即决定了机器的运行速度和处理能力。由于会计软件复杂，处理的信息量大，企业通常应选择 PII（Pentium Ⅱ Processor，奔腾Ⅱ处理器）以上机型才能满足需要。购买计算机，应关注以下指标。

（1）内存。内存一般以 KB、MB 为单位。一般个人计算机，其内存大多为 64MB。内存的大小决定存储数据的能力。存储容量越大，运算速度越快；运算速度越快，处理数据的范围也越大。

（2）硬盘。硬盘固定在主机箱上，以提供大容量的存储能力。个人计算机中每一扇区的容量一般为 512 个字节。

（3）软盘驱动器。软盘驱动器是对软盘上存放的信息进行读写操作的机械装置。

（4）显示器。显示器是计算机的输出设备，用来显示程序的执行过程和结果。显示器分单显和彩显两大类，彩显又按其适配器不同分为 CGA（Color Graphics Adapter，彩色图形适配器）、EGA（Enhancded Graphics Adapter，增强彩色图形适配器）和 VGA（Video Graphic Array，视频图形阵列）等不同类型，大部分会计软件是在 VGA 显示器上开发的，用户可选择这样的显示器。

（5）打印机。打印机是计算机的输出设备之一。由于打印机的输出规格不同，在选择时要考虑是否能满足需要。

3. 软件方面

在选择通用会计软件时，应考虑本单位的行业核算特点和业务规模。各企业所处的行业不同，尽管会计核算的基本理论是一致的，但是各行业的会计核算对象和方法有较大的区别，即使同一行业的不同企业之间也会有许多差异。例如，商品流通行业中的批发与零售企业，施工行业中的工程施工与工程总承包企业等。不同的企业，其业务规模也有很大的区别。例如，大、中、小型企业，单一生产和兼营，单步骤生产和多步骤生产，产品流水和人员流水，等等。

通用会计软件的开发者，在产品的通用性方面做了大量的技术处理工作，即通过增加软件功能和允许用户自定义会计核算方法和核算项目，尽可能地满足大多数用户的要求。通用会计软件的通用性和适用性是一对矛盾。通用性强的软件，针对某一企业核算的适用性就可能差一些；反之，非常适合某一行业的软件在通用性上就可能差一些。因此，软件制造商就要考虑其开发成本。制造商为了提高会计软件的通用性，通常采取自定义方式。自定义的内容少，简单易学，操作者很快就能熟悉操作过程，但适用性差；自定义的内容多，就较难理解和掌握，但适用性强，容易满足不同用户的需要。

7.3.4 会计人员的配备与岗位培训

《会计基础工作规范》中指出："各单位应当根据会计业务需要设置会计工作岗位。""开展会计电算化和管理会计的单位，可以根据需要设置相应工作岗位，也可以与其他工作岗位相结合。"

会计电算化是一项技术性很强的工作，要想用好会计软件必须根据会计电算化的特点设置好相应的岗位，必须事先做好会计电算化培训。为此，《会计电算化工作规范》中提出：实行会计电算化的单位要"建立会计电算化岗位责任制，要明确每个工作岗位的职责范围，切实做到事事有人管，人人有专责，办事有要求，工作有检查"。会计电算化后的工作岗位可分为基本会计岗位和电算化会计岗位。

基本会计岗位可分为会计主管、出纳、会计核算各岗、稽核、会计档案管理等工作岗位。各基本会计岗位与手工会计的各会计岗位相对应，基本要求与《会计基础工作规范》的相关规定一致。

电算化会计岗位是指直接管理、操作、维护计算机及会计软件系统的工作岗位，实行会计电算化的单位要根据计算机系统操作、维护、开发的特点，结合会计工作的要求，划分电算化会计岗位。对于大、中型企业和使用大规模会计电算化系统的单位，电算化会计可设立以下岗位。

（1）电算主管。负责协调计算机及会计软件系统的运行工作，要求具备会计和计算机知识以及相关的会计电算化组织管理的经验。电算主管可由会计主管兼任，采用中、小型计算机和计算机网络会计软件的单位，应设立此岗位。

（2）软件操作。负责输入原始凭证和记账凭证等会计数据，输出记账凭证、会计账簿、报表和进行部分会计数据处理工作；要求具备会计软件操作知识，达到会计电算化初级知识培训的水平。各单位应鼓励基本会计岗位的会计人员兼任软件操作岗位的工作。

（3）审核记账。负责对输入计算机的会计数据（原始凭证和记账凭证等）进行审核，以保证凭证的合法性、正确性和完整性，操作会计软件登记机内账簿，对打印输出的账簿、报表进行确认。此岗位要求具备会计和计算机知识，达到会计电算化初级知识培训的水平，可由会计主管兼任。

（4）电算维护。负责保证计算机硬件、软件的正常运行，管理机内会计数据。此岗要求具备计算机和会计知识，经过会计电算化中级知识培训。采用大型、小型计算机和计算机网络会计软件的单位，应设立此岗位，此岗在大中型企业中应由专职人员担任。维护人员一般不对实际会计数据进行操作。

（5）电算审查。负责监督计算机及会计软件系统的运行，防止利用计算机进行舞弊。审查人员要求具备会计和计算机知识，达到会计电算化中级知识培训的水平，此岗可由会计稽核人员兼任。采用大型、小型计算机和大型会计软件的单位，可设立此岗位。

（6）数据分析。负责对计算机内的会计数据进行分析，要求具备计算机和会计知识，达到会计电算化中级知识培训的水平。采用大型、小型计算机和计算机网络会计软件的单位，可设立此岗位，此岗位可由会计主管兼任。

（7）会计档案资料保管员。负责存档数据软件盘、程序软盘，输出的账表、凭证和各种会计档案资料的保管工作，做好软盘、数据及资料的安全保密工作。

（8）软件开发。由本单位人员进行会计软件开发的，还可设立软件开发岗位，主要负责本单位会计软件的开发和软件维护工作。

基本会计岗位和电算化会计岗位，可在保证会计数据安全的前提下交叉设置，各岗位人员要保持相对稳定。中、小型单位和使用小规模会计电算化系统的单位，可根据本单位的工作情况，设立一些必要的电算化岗位，许多岗位可以由一个人担任。

各种岗位的电算人员上岗之前必须经过适当的培训，培训形式有以下3种。

第一，财政部组织开展的初级、中级和高级会计电算化培训。培训的对象是在职会计人员，无论本单位是否使用会计软件都可以接受培训。初级培训主要学习电子计算机的硬件和软件基础知识，掌握文字、报表处理一般方法，以及通用会计核算软件的使用方法。中级培训、高级培训目前还没有展开，主要培训软、硬件维护人员和数据分析利用人员。

第二，会计软件公司提供的针对购买的会计软件的培训。凡购买通用会计软件的单位，会计软件公司一般对其软件使用进行培训。因为这种培训是为了让操作人员在单位能独立使用会计软件，所以根据上岗会计人员的水平不同，培训时间可长可短。这类培训内容侧重于会计软件的操作使用。会计软件公司希望会计人员通过培训，能够独立进行会计软件的操作，胜任会计电算化岗位的工作，相应地减少会计软件公司的售后服务量。

第三，单位根据开展会计电算化工作的需要自行组织会计电算化培训。有条件的大型企业常常采用这种培训形式，通过统一组织培训来解决会计软件实施中存在的关键问题，解决实施过程中比较复杂和多部门之间协作等问题。这种培训可以弥补前两种培训的不足之处，有针对性地结合电算化岗位职责进行。

7.3.5 基础工作要求及前期准备

利用会计软件进行会计核算有两大特点。一是程序性强，不能有半点马虎。这就要求单位原有会计基础工作比较好，如果手工核算程序不规范，手工会计数据达不到《会计基础工作规范》要求，应先整顿原有核算程序和方法。二是核算的深度、广度将比手工核算有较大提高。这就要求对原有手工核算方法和基本数据进行调整和细化，以期在电算化后核算得更广、更细。根据上述特点，在准备使用计算机进行会计核算前应主要做好以下4个方面的基础工作。

1. 建立会计科目体系并确定编码

会计科目体系是会计核算的基础，整个会计核算系统都是以会计科目体系为基础建立的。建立会计科目体系从一级会计科目开始，逐级向下设置明细科目。设置会计科目时应符合财政部和有关管理部门的规定，满足本单位会计核算与管理的要求，满足会计报表的要求，凡是报表所用数据，需要从账务处理系统中取数据的，必须设立相应科目；要保持相对稳定，要考虑与子系统的衔接。

2. 规范各类账、证、表格式和内容

手工方式下，会计人员按规定设置总账、明细账、日记账，按会计制度要求，填制记账凭证，登记明细账、日记账、总账。在电算化方式下，这种账务处理过程仍旧保持，但部分会计资料格式要重新设计或部分修改，以便在电算化方式下处理，达到真实、准确、安全的要求。在电算化前，要全面考虑各类会计资料的规范化格式，分清必须修改与必须保留的内容，使重新确认的会计账、证、表格式更适合电算化工作特点。例如，记账凭证的类别，可以采用一种记账凭证或收、付、转3种凭证的形式；也可以在收、付、转3种凭证的基础上，按照经济业务和会计软件功能模块的划分进一步细化，以方便记账凭证的输入和保存。记账凭证的格式要按会计软件要求进行统一规定，凭证格式是否适用最终影响系统的使用效果。凭证的主要信息有：日期、凭证类型、凭证号、摘要、会计科目代码、借贷方金额等。常常还要增加一些特殊需要的信息，如数量、单价、外币、汇率、支票号、发票号等。在规范格式时，应当符合《会计基础工作规范》第3章的有关规定。

3. 规范有关会计核算方法和过程

（1）要根据计算机特点对原有会计核算方法进行审查和调整。对于不符合《会计基础工作规范》要求的方法，要改正；对于核算过粗的方法，要进行改进。例如，手工条件下固定资产核算通常采用分类折旧率，在采用计算机后可改为个别折旧率；在手工条件下成本核算中的辅助生产费用分配一般采用顺序分配法或计划成本分配法等，在计算机条件下可改为代数分配法等。

（2）会计核算过程中涉及各种凭证、账簿、报表的生成、传递和处理，由谁编制凭证、谁输入凭证、谁复核凭证、谁记账、谁保管、谁汇总、谁编制报表、谁确认最终账表的正确性、何时完成上述各项工作等，都必须做出合理的规定和安排。

4. 整理手工会计业务数据

（1）重新核对各类凭证和账簿，做到账证、账账、账实相符。由于会计记录经过多人重复转抄，可能存在一定误差，在将基础数据移至计算机之前，需对会计数据按会计软件的要求进行整理和分类。据有关规定，会计业务处理要按照会计科目的统驭关系，凭证与各级明细账、总账之间，总账与下级明细账、相关辅助账之间，各类明细账、总账与实物库记录之间，应完全相符，金额、数量应完全一致。但在许多单位，由于历史遗留问题，会计业务处理长期存在不规范行为，常出现账证、账账、账实不符现象，这将导致会计电算化信息系统数据处理的错误。因此，需要做相应调整和改进。

（2）整理各账户余额。如果是在年初开始使用软件，只需整理各账户期初余额；如果是在年中某月建账，须整理年初余额和以前各个月各账户发生额。如果适应电算化核算较旧的特点，对科目进行了分解和调整，还需将余额在新科目中进行分解和调整。

（3）清理往来账户和银行账户。手工方式下，各单位对往来账户的管理方法有所不同。有些将往来单位、个人作为往来账户的明细科目，而有些将其作为辅助账，进行单独核算和管理。由于会计软件对往来账户管理方式不同，在将往来账移至计算机内之前，必须预先确定往来账的管理方式。如果单位往来账存在大量呆账、坏账，那么应在将其移至计算机之前，按会计制度要求及时处理和冲销。同样道理，银行账一般均有未达账项，在采用计算机处理前，应及时核对银行账，对于未及时核销的未达账项，应及时清理，以保障采用计算机进行银行对账时初始金额的正确性。

7.3.6 会计软件的初始化

从目前会计电算化的发展水平来看，计算机账务处理与手工账务处理基本一致，因为计算机的账务处理是模仿手工账务处理而形成的。

手工账务处理系统主要内容包括：根据会计科目设置账户；填制和审核记账凭证；录入凭证；试算平衡；错账修改；对账；结账。

相应地，计算机账务处理系统包括：凭证处理；记账；结账；查询；对账；系统管理（包括账务初始）；打印输出。

与手工建账相类似，计算机账务初始化主要包括会计科目和账户的设置、自动转账设置和报表定义。

1. 设置会计科目和账户

主要设置以下项目。

（1）会计科目的级别。一般应设到三级，多的可以设到五级。

（2）会计科目代码。会计科目代码是指会计科目统一规定的代码。目前，财政部确定了一级会计科目代码，各企业可以根据情况增加会计科目和科目代码。自定的会计科目代码，应与财政部规定的代码的设定相吻合，例如，工业企业的资产为100元，负债为200元等。二级以下的代码企业可以自己设定，大企业和企业集团应统一考虑，设定统一的代码，以便会计信息共享。

（3）会计科目名称。会计科目名称应按会计制度的规定设置，不应随意简化，例如，将"应付福利费"设置成"福利费"，将"应收账款"设置成"应收款"等，都是不规范的。

（4）会计科目的类型。会计科目的类型是指使用的会计科目属于哪一类，即资产类、负债类、成本类和损益类、共同类、所有者权益类，以明确该科目在计算机处理中所具备的一些特性。会计科目的类型在具体操作中用代号来实现，一般用阿拉伯数字表示。

（5）账户定义。账户定义就是对账户的格式和余额进行规定。账户的格式分三栏式、多栏式和数量金额式。账户余额是指设置账户的年初数、累计发生额和本期余额的借贷方向和金额。如果已记录过手工账，需要将手工账转为计算机记账，那么，将手工账转入计算机是在账户定义这一环节完成的。也就是将账簿上要结转的数据的借贷方向、发生额和余额，在此环节输入计算机，以便以后按期输入凭证。

2. 自动转账设置

企业的一些账务处理往往是固定的，只是不同期间的发生额不同而已。例如，每期结束时，要做如下分录：借记"主营业务收入"科目，贷记"本年利润"科目；借记"本年利润"科目，贷记"主营业务成本""销售费用""税金及附加""管理费用""财务费用"等科目。因此，多数财务软件都提供了自动转账功能。这项功能的实现是按照事先的设置来进行的。自动转账设置包括：①业务凭证顺序号；②经济业务摘要；③科目代号或名称；④借贷方向；⑤金额来源；⑥计算公式。

3. 报表定义

会计报表是由报表格式和报表数据构成的。报表定义就是对会计报表的格式和数据来源的设定过程。会计报表的格式多种多样，除会计制度规定的报表种类（资产负债表、利润表、现金流量表等）以外，各行业、各企业还可能根据国家不同的管理机构和本企业的需要设置其他报表，如管理费用表、主要产品成本表、流动资产表、应交增值税明细表、工资计算表、制造成本表等。在通用会计软件中，报表系统为用户提供了自定义空白格式的功能，系统生成报表时，只能按用户定义的格式生成。

报表的数据是按会计制度的规定，对已输入的会计信息进行加工、整理、汇总、计算出来的。各报表的各个空白位置的数据，是依据设定的取数公式而形成的。数据的来源主要有以下几个方面。

（1）从账户中取数。从账户中取数是指从某账户中取某一时期或某一会计期间的某项数据。例如，通过科目代码，确定获取某一账户的余额、借方累计发生额或贷方累计发生额等；或者从几个账户中取数，进行会计汇总，填入报表中的某一行、某一列中，例如，资产负债表中"存货"项目根据"材料采购""原材料""包装物""低值易耗品""材料成本差异""委托加工材料""自制半成品""产成品""分期收款发出商品""生产成本"等科目的期末借、贷方余额相抵后的差额填列。

（2）从报表中取数。从报表中取数是指从已形成的当前报表或其他报表中获取数据。例如，合计栏由相关栏目数据汇总加计形成；资产负债表的"本年利润"可以从利润表中获取等。

（3）手工输入。计算机尚未联网时，下属单位已有报表，为了汇总或分析，需要将下属单位的报表中数据录入计算机中，所以要手工输入。

进行报表定义时还应注意如下两个问题。

第一，为了取数方便，应在设置会计科目时，根据需要多设明细科目。因为有些会计报表栏目中的数值，是根据一个或几个一级会计科目的余额相加而形成的。例如，资产负债表中"货币资金"项目，是根据"库存现金""银行存款""其他货币资金"科目的期末余额合计填列的。有的会计报表栏目中的数据要进行分析才能填列。例如，现金流量表中的"固定资产折旧"项目，反映企业年度内累计提取的折旧，本项目应根据"累计折旧"科目的贷方发生额中属于本期提取的计入成本费用的折旧数分析填列。如果是手工记账，编制报表时可以把账簿中的"累计折旧"账翻出来一页一页地看，通过查看摘要内容，将本年度购买的旧的机械设备等固定资产中所含的折旧结转数剔除，填列到现金流量表即可。而使用计算机时情况就不同了，公式很难根据摘要来设定；从"累计折旧"的贷方发生额中，又很难进行逻辑判断，哪些是本年计提的计入成本费用的折旧，哪些是增加设备转入的折旧。这样就需要增设3个二级科目："计入成本费用的折旧""非经营性计提的折旧""其他折旧结转"，在编制现金流量表时，对于"固定资产折旧"栏就可以根据"计入成本费用的折旧"数来填列。

第二，应细致认真地描述公式。运算符号除了主要的＋、－、×、÷、＝等以外，还有＜（小于）、＞（大于）、≠（不等于）、≥（大于或等于）、≤（小于或等于）等逻辑运算符，在定义时不应出现错误。同时也要注意取数的借方和贷方。例如，资产负债表中"资产总额"的年初数等于"负债和所有者权益（或股东权益）"总计的年初数，"资产总计"的年初数等于"负债和所有者权益（或股东权益）"总计的年初数，"资产总计"的期末数应等于"负债及所有者权益总计"的期末数。

7.3.7　会计软件的日常运行与维护

1. 人机并行阶段

人机并行是指会计软件使用的最初阶段人工与计算机同时进行会计处理的过程，这是试运行阶段。此阶段的主要任务是：检查建立的会计电算化核算系统是否充分满足本单位要求，使用人员对软件的操作是否存在问题，对运行中发现的问题是否应进行修改，并逐步建立比较完善的电算化内部管理制度。

在试运行阶段，会计人员要进行双重劳动，但这是十分必要的。在此期间，通过进行手工与计算机处理结果的双向对比与检验，能够考察会计软件数据处理的正确性，能够考察相关人员的操作熟练程度和业务处理能力，并通过实践，进行电算化内部管理制度的建立。应该说，这是手工会计系统移至会计电算化系统的试验阶段，也是手工系统与计算机系统相互适应的阶段。它的顺利进行，是以后一定阶段会计电算化系统持续正常运行的前提。

试运行的时间，应放在年初、年末、季初、季末等特殊会计时期，这样才能取得全面的人机比较数据，预先估计可能出现的问题。一旦出现问题，要及时采取措施，进行防错、纠错。

在试运行阶段，前期以人工为主，计算机处理为辅，后期则以计算机处理为主。各单位只有假设计算机在处理实际账务，才会充分考虑可能发生的问题，提高操作熟练程度。

人机并行工作期间，可以采用计算机打印输出的记账凭证替代手工填制的记账凭证，原始凭证应附于相关记账凭证的背面，根据有关规定进行审核并装订成册，作为会计档案保存，并据以登记手工账簿。如果计算机与手工核算结果不一致，要由专人查明原因并向本单位领导书面报告。

人机并行一个阶段后，要开始建立各项管理制度，并根据实际运行中出现的问题，不断改进、完善。尤其对上岗操作软件人员的权限分配，应在申请替代手工记账前都能按规定设置完毕，进入正常工作状态。对替代手工记账后会计人员的岗位职责也应有明确的要求和岗位考核。

2. 日常运行

（1）原始凭证是会计软件的原始数据，如各种出库、入库单据，发票等。只有将这些凭证输入计算机，计算机才能对其进行处理。因此，输入凭证成了电算化后新增的工作，而且是需要花大量时间才能完成的工作。

输入凭证前，应先经过检查和预处理，不合法、不正确、不合理、不真实、内容不完整的凭证不能输入。可以根据计算机的需要在用于输入的凭证上加写有关代码、编号等内容，进行预处理，以方便凭证输入。

凭证输入计算机后要进行复核，复核输入内容与原件是否一致，防止有意或无意的错误。复核人员和输入人员不允许为同一个人。直接使用原始凭证在计算机上编制记账凭证，用计算机打印的记账凭证代替手工记账凭证的单位，应保证打印出的记账凭证内容齐全、签章齐备。凭证可以集中由一人输入，也可以各个岗位编制的凭证由本岗位输入。

（2）输入的凭证必须由另一人复核后才能用于记账，计算机复核的内容包括凭证的合法性、合理性、正确性、完整性和真实性。计算机内凭证的复核可以采用屏幕查看复核、打印输出复核、重复输入复核 3 种方法。对于已复核又发现有错的凭证可允许修改，但修改后必须再次复核。复核人员的姓名必须在机内随凭证永久记录，以明确责任。

（3）记账、计算成本等是由计算机自动完成的，只要将原始数据正确输入计算机，计算机就能按事先设计的程序完成各种账簿的登记和各种计算工作，节省大量人力。

（4）输出账簿是将采用计算机核算后，平时保留在计算机内的账簿打印输出的过程。日记账必须每日打印，明细账和总账可根据需要按月、按季或按年打印，不满页时，可满页后再打印，但不能不打印。打印时，有关表格线可省打。打印后的账簿应连续编号，应由专人检查后再作为正式账页进行装订，以符合《会计基础工作规范》要求。

（5）会计报表是根据账簿编制的，也是由计算机自动完成的，通常每月月末进行。我国的通用会计软件通常都提供通用报表生成器或专门的报表功能模块，帮助用户编制各种对内、对外会计报表。编制会计报表工作是日常核算中较为复杂的工作，应由会计和计算机水平较高的会计人员完成。应保证报表中的会计数据与账簿一致。应对报表数据进行审核并签章后再报送有关单位。

3. 日常维护

与手工核算不同，由于电算化核算采用了许多先进设备和技术，对其日常维护就成了会计核算中的一项重要工作。日常维护包括硬件维护与软件维护两部分。维护一般由电算维护员负责，软件操作员等其他人员不得进行维护，电算主管可进行维护监督工作。

7.3.8 利用现有数据进行财务分析

经过一段时间的计算机日常核算，在计算机内必然积累了大量的财务数据，如何利用这些数据进行财务分析就成了利用计算机进行会计核算的一项重要内容。

利用通用会计软件中的财务分析系统可以完成部分财务分析工作。财务分析系统一般提供常见的分析方法，例如比率分析、结构百分比分析、对比分析、趋势分析等，分析结果一般以图和表的形式同时输出。另一种分析方法是利用报表系统进行财务分析。这时所讲的报表系统可以是通用会计软件中的会计报表模块，也可以是常见的办公软件中的电子表格软件（如 Excel 等），其共同特点是能够从有关账簿中提取数据，通过系统自定义分析模型，从而产生分析结果。

7.4 计算机替代手工记账

利用计算机进行会计核算的初期是人机并行期，这一期间一般在 3~6 个月，最好能跨年度。人机并行期结束后要实现计算机替代手工记账，不是由企、事业单位自行决定的，必须报经有关部门验收合格后，才能脱离手工账，进入正常的计算机核算状态。

7.4.1 计算机替代手工记账的条件

根据《会计电算化管理办法》的规定，采用电子计算机替代手工记账的单位，应当具备以下基本条件。

（1）使用的会计核算软件须达到财政部发布的《会计核算软件基本功能规范》的要求。

（2）配有专门或主要用于会计核算工作的电子计算机或电子计算机终端并配有熟练的专职或者兼职操作人员。

（3）用电子计算机进行会计核算与手工会计核算同时运行 3 个月以上，取得相一致的结果。

（4）有严格的操作管理制度。主要内容包括：

① 操作人员的工作职责和工作权限；

② 预防原始凭证和记账凭证等会计数据未经审核而输入计算机的措施；

③ 预防已输入计算机的原始凭证和记账凭证等会计数据未经核对而登记机内账簿的措施；

④ 必要的上机操作记录制度。

（5）有严格的硬件、软件管理制度。主要内容包括：

① 保证机房设备安全和电子计算机正常运转的措施；

② 会计数据和会计核算软件安全保密的措施；

③ 修改会计核算软件的审批和监督制度。

（6）有严格的会计档案管理制度。

7.4.2 计算机替代手工记账的申请、检查和批准

1. 提出申请

用计算机替代手工记账的具体管理办法，可归纳为两种形式：一种形式是由财政部门直接负责对申请计算机替代手工记账的单位进行审查，一般的做法是财政部门会同税务、审计等部门进行实地审查验收，验收合格后办理计算机替代手工记账的审批手续并发放计算机替代手工记账的许可证；另一种形式是财政部门间接管理，由申请计算机替代手工记账的单位委托会计师事务所进行计算机替代手工记账的审核，由该所出具计算机替代手工记账和审查合格的报告，并抄送财政、税务、审计、业务主管部门等，财政部门只负责对会计师事务所的审查工作质量进行监督、检查，以及对该所的审核报告审核后做出正式批复。

对计算机替代手工记账的单位不论采取何种管理形式进行审查，依据的标准都是《会计电算化工作规范》。审查计算机替代手工记账的过程是对计算机替代手工记账的单位在双轨并行期间会计工作全面的检查和总结，既能帮助企业达到会计电算化工作规范的要求，也起到咨询服务或交流经验的作用。因此，审查计算机替代手工记账不应马马虎虎走过场，而应认认真真地对待。

2. 检查

负责计算机替代手工记账验收的单位在收到甩账申请后，应制订甩账验收计划，并通知被审查单位。通常审查的内容主要有：检查所使用的会计核算软件是否达到财政部颁布的《会计核算软件基本功能规范》，审查计算机硬件、设备配置和运行环境情况，审查会计电算化岗位设置和人员技能，审查人机并行运行3个月或3个月以上的账表，审查各种制度是否健全、是否得到贯彻落实。

3. 批准

对于已经通过计算机替代手工记账验收的企业，验收审查单位应向该企业和有关部门提供甩账验收报告。在报告中应说明甩账验收的日期、会计软件名称及版本，甩账验收人、甩账验收方法、甩账验收内容、企业存在的不足和改进建议等。企业接此报告后，在对不足部分改进后即可脱离手工进行计算机单轨核算。

7.5 电算化会计档案的管理

7.5.1 电算化会计档案管理的内容

电算化会计档案指存储在计算机中的会计数据（以磁性介质或光盘存储的会计数据）和计算机打印出来的书面形式的会计数据。会计数据是指记账凭证、会计账簿、会计报表（包括报表格式和计算公式）等数据，以及会计软件系统开发运行中编制的各种文档程序和其他会计资料。电算化会计档案管理的主要任务是：监督和保证按要求生成各种档案，保证各种会计档案的安全与保密，保证各种会计档案得到合理和有效的利用，并安全保存。

计算机内会计数据的打印输出和保存是计算机替代手工记账单位的重要工作。采用电子计算机打印输出的会计凭证、账簿、报表应当符合国家统一会计制度的要求，必须采用中文或中外文对照的形式，字迹要清晰，保存期限按《会计档案管理办法》的规定执行。

7.5.2 记账凭证的生成与管理

电算化后，记账凭证的生成有以下两种方式。

（1）根据原始凭证在计算机上直接编制记账凭证，由计算机打印输出。在这种情况下，记账凭证上应有录入人员、稽核人员和会计主管人员的签名或盖章。收付款记账凭证还应由出纳人员签名或盖章。打印生成的记账凭证视同手工填制的记账凭证，按《会计基础工作规范》和《会计档案管理办法》的有关规定立卷归档保管。

（2）手工事先做好记账凭证，向计算机录入记账凭证，然后进行处理。在这种情况下，保存手工记账凭证与机制凭证皆可。在保证记账凭证清晰的条件下，计算机打印输出凭证中的表格线可适当减少。

7.5.3 会计账簿和报表的生成与管理

对于电算化后的会计账簿和报表的打印和保管，《会计基础工作规范》有明文规定，即应当打印成书面形式，其保存期限按《会计档案管理办法》的规定办理。考虑到计算机打印的特殊情况，在《会计电算化工作规范》中对会计资料生成做了一些灵活规定，包括以下几点。

（1）现金日记账和银行存款日记账要每天登记并打印输出，做到日清月结。现金日记账和银行存款日记账的打印，由于受到打印机条件的限制，可采用计算机打印输出的活页账页装订成册。如果每天业务较少、不能满页打印，可按旬打印输出。

（2）一般账簿可以根据实际情况和工作需要按月、按季或按年打印；发生业务少的账簿，可满页打印。

（3）在所有记账凭证数据和明细分类账数据都存储在计算机内的情况下，总分类账可用"总分类账本期发生额及余额对照表"替代。

（4）在保证账簿清晰的条件下，计算机打印输出的账簿中表格线可适当减少。

7.5.4 关于会计电算化系统开发的文档资料的管理

会计电算化系统开发和使用的全套文档资料及软件程序，都应视同会计档案保管，保管期截至该系统停止使用或有重大更改之后的 5 年。

7.5.5 关于磁性介质及其他介质的管理

存储于计算机中的会计数据（以磁性介质或光盘存储的会计数据），是在会计电算化情况下新的会计档案形式。在未打印成书面形式输出之前，应妥善保管并留有副本。一般来说，为了便于利用计算机进行查询及在电算化系统出现故障时进行恢复，这些介质都应视同会计资料或档案进行保存。

采用磁带、磁盘、光盘、微缩胶片等介质存储会计账簿、报表，具有磁性化和不可见的特点，因此，其管理必须注意以下几点。

（1）采用磁带、磁盘、光盘、微缩胶片等介质存储会计数据，不再定期打印输出会计账簿，应征得同级财政部门的同意。

（2）保存期限同打印输出的书面形式的会计账簿、报表一致。

（3）记账凭证、总分类账、现金日记账和银行存款日记账仍需要打印输出，还要按照有关税务、审计等管理部门的要求，及时打印输出有关账簿、报表。

7.5.6 安全和保密措施

（1）对电算化会计档案管理要做好防磁、防火、防潮、防尘、防盗、防虫蛀、防霉烂和防鼠咬等工作。重要会计档案应准备双份，存放在两个以上不同的地点，最好在两个不同建筑物内。

（2）采用磁性介质存储会计档案，要定期进行检查，定期进行复制，防止磁性介质损坏而使会计档案丢失。

（3）严格执行安全和保密制度，会计档案不得随意堆放，严防毁损、散失和泄密。对任何伪造、非法涂改变更、故意毁坏数据文件、账册、软盘等行为，都要进行相应的处理。

（4）各种会计资料，包括打印出来的会计资料以及存储会计资料的软盘、硬盘、计算机设备、光盘、微缩胶片等，未经单位领导同意，不得外借和拿出单位。

（5）借阅会计资料，应该履行相应的借阅手续，经手人必须签字记录。存放在磁介质上的会计资料借阅归还时，还应该认真检查，防止感染病毒。

7.5.7 建立会计电算化的档案管理制度

档案管理一般是通过制定与实施档案管理制度来实现的。档案管理制度一般包括以下内容：

（1）存档的手续，主要是指各种审批手续，例如打印输出的账表，必须有会计主管、系统管理员的签章才能存档保管；

（2）各种安全和保密措施；

（3）档案管理员的职责与权限；

（4）档案的分类管理办法；

（5）档案使用的各种审批手续；

（6）各类文档的保存期限及销毁手续。

第**8**章

会计基础工作的记录和延续：
会计档案与会计人员工作交接

8.1 会计档案

会计档案是指会计凭证、会计账簿和会计报表以及其他会计资料等会计核算的专业材料，它是记录和反映经济业务的重要历史资料和证据。《会计基础工作规范》第45条对会计档案管理问题做出了规定。

8.1.1 会计档案的范围

会计档案的范围一般指会计凭证、会计账簿、会计报表以及其他会计核算资料4个部分。

（1）会计凭证。会计凭证是记录经济业务，明确经济责任的书面证明。它包括自制原始凭证、外来原始凭证、原始凭证汇总表、记账凭证（收款凭证、付款凭证、转账凭证）、记账凭证汇总表、银行存款（借款）对账单、银行存款余额调节表等。

（2）会计账簿。会计账簿是由一定格式、相互联结的账页组成，以会计凭证为依据，全面、连续、系统地记录各项经济业务的簿籍。它包括按会计科目设置的总分类账、各类明细分类账、现金日记账、银行存款日记账以及辅助登记备查簿等。

（3）会计报表。会计报表是反映企业财务状况、经营成果和现金流量等的总结性书面文件，主要有主要财务指标快报，资产负债表、利润表、财务情况说明书等。

（4）其他会计核算资料。其他会计核算资料是与会计核算、会计监督紧密相关的，由会计部门负责办理的有关数据资料，如经济合同、财务数据统计资料、财务清查汇总资料、核定资金定额的数据资料、会计档案移交清册、会计档案保管清册、会计档案销毁清册等。实行会计电算化单位存贮在磁性介质上的会计数据、程序文件及其他会计核算资料均应视同会计档案一并管理。

8.1.2　会计档案的立卷

会计年度终了后，企业应对会计资料进行整理立卷。会计档案的整理一般采用"三统一"的办法，即分类标准统一、档案形成统一、管理要求统一，并分门别类按各卷顺序编号。

（1）分类标准统一。一般将财务会计资料分成：一类为账簿，二类为凭证，三类为报表，四类为文字资料及其他。

（2）档案形成统一。案册封面、档案卡夹、存放柜和存放序列统一。

（3）管理要求统一。建立财务会计资料档案簿、会计资料档案目录；会计凭证装订成册，报表和文字资料分类立卷，其他零星资料按年度排序汇编装订成册。

8.1.3　会计档案的装订

1. 会计凭证装订前的整理

凭证记账后，应及时装订。装订的范围包括：原始凭证、记账凭证、科目汇总表、银行对账单等。科目汇总表的工作底稿也可以装订在内，作为科目汇总表的附件。使用计算机的企业，还应将转账凭证清单等装订在内。

装订前首先应整理凭证。会计凭证的整理工作，主要是对凭证进行排序、粘贴和折叠。

对于纸张面积大于记账凭证的原始凭证，可按记账凭证的面积尺寸，先自右向后，再自下向后进行两次折叠。注意应把凭证的左上角或左侧面让出来，以便装订后，还可以展开查阅。

对于纸张面积过小的原始凭证，一般不能直接装订，可先按一定次序和类别排列，再粘在一张同记账凭证大小相同的白纸上，粘贴时以胶水为宜。小票应分张排列，同类、同金额的单据尽量粘在一起，同时，在一旁注明张数和合计金额。如果是板状票证（如火车票），可以将票面票底轻轻撕开，厚纸板弃之不用。

对于纸张面积略小于记账凭证的原始凭证，可以用回形针或大头针别在记账凭证后面，待装订凭证时，抽去回形针或大头针。

有的原始凭证，如工资单、耗料单等不仅面积大，而且数量多，可以单独装订。但在记账凭证上应注明保管地点。

原始凭证附在记账凭证后的顺序应与记账凭证所记载的内容顺序一致，不应按原始凭证的面积大小来排序。

经过整理后的会计凭证，为汇总装订打好了基础。

所有汇总装订好的会计凭证都要加具封面。会计凭证装订前，要先设计和选择会计凭证的封面。封面应用较为结实、耐磨、韧性较强的牛皮纸等。一般的封面格式如表8-1所示。

表8-1 凭证封面

東 风 商 场

×× 凭 证

年   月   日   共   册   本册为第   册

本册起止号码：   自   号至   号

会计主管：   装订人：

2.装订会计凭证

装订就是将整理好的会计凭证装订成册的过程，从而方便保管和翻阅。装订之前，要设计一下，看一个月的记账凭证订成几册为好。每册的厚薄应基本保持一致，不能把几张应属一份记账凭证附件的原始凭证拆开装订在两册之中，要做到既美观大方又便于翻阅。

一本凭证，厚度一般以1.5~2.0厘米为宜。过薄，不利于戳立放置；过厚，不便于翻阅核查。凭证一般以月份为单位，每月订成一册或若干册。凭证少的单位，可以将若干个月份的凭证合并订成一册，在封皮注明本册所含的凭证月份。

由于原始凭证面积往往大于记账凭证面积，从而折叠过多，这样一本凭证就显得中间厚，装订线的位置薄，订出的一本凭证像条鱼一样。这时可以用一些纸折成许多三角形，均匀地垫在装订线的位置。这样装订出来的凭证就显得整齐了。

装订前，要以会计凭证的左上侧为准，放齐，准备好铁锥、装订机或小手电钻，还有线绳、铁夹、胶水、凭证封皮、包角纸等。

下面介绍角订法，操作步骤如下。

（1）将凭证封皮和封底裁开，分别附在凭证前面和后面，再拿一张质地相同的纸（可以再找一张凭证封皮，裁下一半用，另一半为订下一本凭证备用）放在封皮上角，做护角。

（2）在凭证的左上角画一边长为 5 厘米的等腰三角形，用夹子夹住，用装订机在底线上分布均匀地打两个眼儿。

（3）用大针引线绳穿过两个眼儿，如果没有针，可以将回形针顺直，然后两端折向同一个方向，折向时将线绳夹紧，即可把线引过来。

（4）在凭证的背面打结。线绳最好把凭证两端也系上。

（5）将护角向左上侧面折，并将一侧剪开至凭证的左上角，然后抹上胶水。

（6）向上折叠，将侧面和背面的线绳扣粘死。

以上方法如图 8-1 所示。

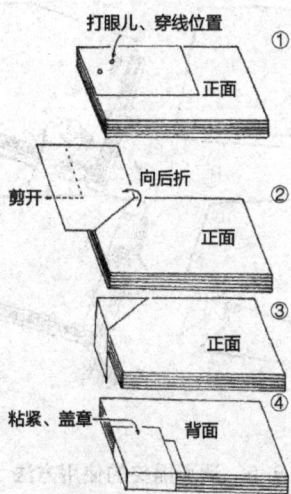

图 8-1 凭证装订方法

（7）待晾干后，在凭证本的侧脊写上某年、某月、第几册、共几册等字样。装订人在装订线封签处签名或者盖章。现金凭证、银行凭证和转账凭证最好依次顺序编号，一个月从头编一次序号，如果单位的凭证少，可以全年顺序编号。

目前，有的商店有一种传票盒，将装订好的凭证装入盒中码放保管，显得整齐。

3. 会计账簿的装订

账簿在使用过程中，应妥善保管。同一年度内的账簿的封面颜色力求统一，逐年更换颜色，便于区别年度。这样，在查账时就会比较方便。账簿内部，应编好目录，建立索引。注意贴上相应数额的印花税票。

活页账簿可以用线绳系起来。下面介绍活页摇夹的使用方法。

（1）用摇手插入账簿侧面的孔中，向右旋转，开启摇夹。

（2）旋去螺帽，取去簿盖。

（3）将账簿活页装入，可随意装用，最多可装300页。

（4）盖上簿盖，旋上螺帽，向左旋转摇手，锁紧摇夹。

以上方法如图8-2所示。

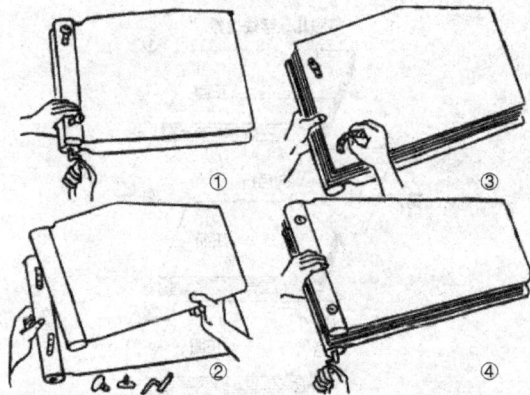

图8-2 活页摇夹的使用方法

活页摇夹的络链条长50毫米，账页在装入取出过程中，用摇手旋转链条时要注意账页轧住链条节头，当账页被轧住时，摇手不能旋转，千万不要强旋，请用手轻轻摇动链条节头，避免账页轧住，然后开启或锁紧摇夹。

摇夹的特点是使用比较安全，因为账簿摇紧后，其他人员如果没有专门工具，不容易随意抽取、更换账页，从而使得账页不易散失。其缺点是成本相对高。

在过次年后，应将账簿装订整齐，活页账要编好科目目录、页码，用线绳系死，然后贴上封皮，在封皮上写明账簿的种类、单位、时间，在账簿的脊背上，也要写明账簿种类、时间。

会计业务量小的企业，账簿上可以不贴口取纸。会计业务量大的企业，账簿上应该贴口取纸。可以按一级科目或材料大类，按账页顺序由前往后，自上而下地粘贴，当合起账簿时，全部口取纸应该整齐、均匀，并能够显露出科目名称。不要在账簿上下两侧贴口取纸，而应在右侧粘贴，这样，可保证账簿整齐，存档时可以戳立放置，以便抽取。

4. 会计报表的装订

会计报表编制完成及时报送后，留存的报表按月装订成册，谨防丢失。小企业可按季装订成册。第一，会计报表装订前要按编报目录核对是否齐全，整理报表页数，上边和左边对齐压平，防止折角，如有损坏部位，修补后，完整无缺地装订；第二，会计报表装订顺序为：会计报表封面、会计报表编制说明、各种会计报表按会计报表的编号顺序排列、会计报表的封底；第三，按保管期限编制卷号。

8.1.4　会计档案的保管

《会计档案管理办法》第 11 条规定："当年形成的会计档案，在会计年度终了后，可由单位会计管理机构临时保管一年，再移交单位档案管理机构保管。""单位会计管理机构临时保管会计档案最长不超过三年"。根据上述规定，会计档案的保管要求主要有以下 4 点。

1. 会计档案的移交手续

财务会计部门在将会计档案移交本单位档案部门时，应按下列程序进行。

（1）开列移交清册，填写交接清单。

（2）在账簿使用日期栏填写移交日期。

（3）交接人员按移交清册和交接清单项目核查无误后签章。

2. 会计档案的保管要求

（1）会计档案室应选择在干燥防水的地方，并远离易燃品堆放地，周围应备有适应的防火器材。

（2）采用透明塑料膜作为防尘罩、防尘布，遮盖所有档案架和堵塞鼠洞。

（3）会计档案室内应经常用消毒药剂喷洒，经常保持清洁卫生，以防虫蛀。

（4）会计档案室保持通风透光，并有适当的空间、通道和查阅地方，以利于查阅，并防止潮湿。

（5）设置归档登记簿、档案目录登记簿、档案借阅登记簿，严防毁坏损失、散失和泄密。

（6）会计电算化档案保管要有防盗、防磁等安全措施。

3. 会计档案的借阅

（1）会计档案为本单位提供利用，原则上不得借出，有特殊需要须经上级主管单位或单位负责人、会计主管人员批准。

（2）外部借阅会计档案时，应持有单位正式介绍信，经会计主管人员或单位负责人批准后，方可办理借阅手续；单位内部人员借阅会计档案时，应经会计主管人员或单位负责人批准后，办理借阅手续。借阅人应认真填写档案借阅登记簿，将借阅人姓名、单位、日期、数量、内容、归期等情况登记清楚。

（3）借阅会计档案人员不得在案卷中乱画、标记，拆散原卷册，也不得涂改抽换、携带外出或复制原件（如有特殊情况，须经领导批准后方能携带外出或复制原件）。

（4）对于借出的会计档案，会计档案管理人员要按期如数收回，并办理注销借阅手续。

4. 会计档案的保管期限

各种会计档案的保管期限，按其特点可分为永久性和定期性两类。凡是在立档单位会计核算中形成的，记述和反映会计核算的，对工作总结、考察和研究经济活动具有长远利用价值的会计档案，应永久保存。会计档案的保管期限，从会计年度终了后的第一天算起，如2022年度终了日为12月31日，保管期限按2023年1月1日开始计算。

为了全面反映会计档案情况，立档部门应设置"会计档案备查表"，及时记载会计档案的保存数、借阅数和归档数，做到心中有数、不出差错。

8.1.5　会计档案的销毁

会计档案保管期满需要销毁时，由本单位档案部门提出销毁意见，会同财务会计部门共同鉴定和审查，编造会计档案销毁清册。会计档案销毁清册是销毁会计档案的记录和报批文件，一般应包括：会计档案的名称、卷号、册数、起止年度和档案编号、应保管期限、已保管期限、销毁日期等内容。单位负责人应当在会计档案销毁清册上签署意见。

对于保管期满但未结清的债权债务以及涉及其他未了事项的原始凭证不得销毁，应单独抽出，另行立卷，由档案部门保管到未了事项完结时为止。单独抽出立卷的会计档案，应当在会计档案销毁清册和会计档案保管清册中列明。

各单位按规定销毁会计档案时，应由档案部门和会计部门共同派员监销。国家机关销毁会计档案时，还应由同级财政部门、审计部门派员参加监销。各级财政部门销毁会计档案时，由同级审计机关派员参加监销。

监销人在销毁会计档案以前，应当按照会计档案销毁清册所列内容认真清点核对所要销毁的会计档案；销毁后，应当在销毁清册上签名盖章，并将监销情况报告本单位负责人。

8.2 会计工作交接

会计工作交接是会计工作中的一项重要制度，也是会计基础工作的重要内容。办理好会计工作交接，有利于分清移交人员和接管人员的责任，可使会计工作前后衔接，保证会计工作顺利进行，防止账目不清、财务混乱现象出现。为此，《会计基础工作规范》第 25 条至第 35 条对会计工作交接问题做出了具体规定。

8.2.1 需要进行会计工作交接的情形

会计人员工作交接是会计工作中的一项重要内容。《会计法》第 41 条规定："会计人员调动工作或者离职，必须与接管人员办清交接手续。一般会计人员办理交接手续，由会计机构负责人（会计主管人员）监交；会计机构负责人（会计主管人员）办理交接手续，由单位负责人监交，必要时主管单位可以派人会同监交。"这是对会计人员工作交接问题做出的法律规定。做好会计交接工作，可以使会计工作前后衔接，保证会计工作连续进行；做好会计交接工作，可以防止因会计人员的更换出现账目不清、财务混乱等现象；做好会计交接工作，也是分清移交人员和接管人员责任的有效措施。

除《会计法》规定的"会计人员在调动工作或离职时必须办理会计工作交

接"的情形之外，会计人员在临时离职或因其他原因暂时不能工作时，也应办理会计工作交接手续，《会计基础工作规范》第33条对此做了以下进一步的规定。

（1）会计人员临时离职或因病不能工作、需要接替或代理的，会计机构负责人、会计主管人员或单位负责人必须指定专人接替或者代理，并办理会计工作交接手续。

（2）临时离职或因病不能工作的会计人员恢复工作时，应当与接替或代理人员办理交接手续。

（3）移交人员因病或其他特殊原因不能亲自办理移交的，经单位领导人批准，可由移交人委托他人代办移交，但委托人应当对所移交的会计凭证、会计账簿、财务会计报告和其他有关资料的合法性、真实性承担法律责任。

8.2.2　交接的基本程序

会计人员因工作调动或者因故离职时，必须将本人所经管的会计工作全部移交接替人员，没有办清交接手续的不得调动或离职。根据《会计基础工作规范》的规定，会计人员办理移交手续的基本程序如下。

1. 交接前的准备工作

会计人员在办理会计工作交接前，必须做好以下准备工作。

（1）已经受理的经济业务尚未填制会计凭证的应当填制完毕。

（2）尚未登记的账目，应当登记完毕，并在最后一笔余额后加盖经办人印章。

（3）整理应该移交的各项资料，对未了事项写出书面说明材料。

（4）编制移交清册，列明应该移交的会计凭证、会计账簿、会计报表、印章、现金、有价证券、支票簿、发票、文件、其他会计资料和物品等内容。对于实行会计电算化的单位，从事该项工作的移交人员还应在移交清册上列明会计软件及密码、会计软件数据磁盘（磁带等）及有关资料、实物等内容。

（5）会计机构负责人、会计主管人员移交时，还必须将全部财务会计工作、重大财务收支和会计人员的情况等，向接替人员详细介绍。对需要移交的遗留问题，应当写出书面材料。

2. 移交点收

移交人员离职前，必须将本人经管的会计工作，在规定的期限内，全部向接管人员移交清楚。接管人员应认真按照移交清册逐项点收。具体要求如下。

（1）现金要根据会计账簿记录余额进行当面点交，不得短缺，接替人员发现不一致或"白条抵库"现象时，移交人员在规定期限内负责查清处理。

（2）有价证券的数量要与会计账簿记录一致，有价证券面额与发行价不一致时，按照会计账簿余额交接。

（3）会计凭证、会计账簿、财务会计报告和其他会计资料必须完整无缺，不得遗漏。如有短缺，必须查清原因，并在移交清册中加以说明，由移交人负责。

（4）银行存款账户余额要与银行对账单核对相符，如有未达账项，应编制银行存款余额调节表并调节相符；各种财产物资和债权债务的明细账户余额，要与总账有关账户的余额核对相符；对重要实物要实地盘点，对余额较大的往来账户要与往来单位、个人核对。

（5）公章、收据、空白支票、发票、科目印章以及其他物品等必须交接清楚。

（6）实行会计电算化的单位，交接双方应在电子计算机上对有关数据进行实际操作，确认有关数字正确无误后，方可交接。

3. 专人负责监交

为了明确责任，会计人员办理工作交接时，必须有专人负责监交。监交可保证双方都按照国家有关规定认真办理交接手续，防止流于形式，保证会计工作不因人员变动而受影响；保证交接双方处在平等的法律地位上享有权利和承担义务，不允许任何一方以大压小，以强凌弱，或采取非法手段进行威胁。移交清册应当经过监交人员审查和签名、盖章，作为交接双方明确责任的证件。对监交的具体要求如下。

（1）一般会计人员办理交接手续，由会计机构负责人（会计主管人员）监交。

（2）会计机构负责人（会计主管人员）办理交接手续，由单位负责人监交，必要时主管单位可以派人会同监交。所谓必要时由主管单位派人会同监交，是指有些交接需要主管单位监交或者主管单位认为需要参与监交。通常有3种情况：一是所属单位负责人不能监交，需要由主管单位派人代表主管单位监交，如因单位撤并而办理交接手续等。二是所属单位负责人不能尽快监交，需要由主管单位派人督促监交。如主管单位责成所属单位撤换不合格的会计机构负责人（会计主管人员），所属单位负责人却以种种借口拖延不办交接手续时，主管单位就应派人督促会同监交等。三是不宜由所属单位负责人单独监交，而需要主管单位会同监交。如所属单位负责人与办理交接手续的会计机构负责人（会计主管人员）有矛盾，交接时需要主管单位派人会同监交，以防可能发生单位负责人借机刁难等情况。此外，主管单位认为交接中存在某种问题需要派人监交时，也可派人会同监交。

4. 交接后的有关事宜

（1）会计工作交接完毕后，交接双方和监交人在移交清册上签名或盖章，并应在移交清册上注明：单位名称，交接日期，交接双方和监交人的职务、姓名，移交清册页数以及需要说明的问题和意见等。

（2）接管人员应继续使用移交前的账簿，不得擅自另立账簿，以保证会计记录前后衔接，内容完整。

（3）移交清册一般应填制一式三份，交接双方各执一份，存档一份。

8.2.3 移交后的责任

《会计基础工作规范》第35条规定："移交人员对所移交的会计凭证、会计账簿、会计报表和其他有关资料的合法性、真实性承担法律责任。"这就是说，如果移交人员所移交的会计资料是在其经办会计工作期间内发生的，那么其就应当对这些会计资料的合法性、真实性负责，即使接替人员在交接时因疏忽没有发现所接会计资料在合法性、真实性方面的问题；如事后发现，也应由原移交人员负责，原移交人员不应以会计资料已经交接而推卸责任。如果所发现的会计资料真实性、合法性方面的问题不是在原移交人员的经办期间发生的，而是在其后发生的，则不应由原移交人员承担责任，而应由接管人员承担责任。

会计交接是一项严肃认真的工作，这不仅涉及会计工作的连续性，而且关系到有关人员的法律责任。因此，要求交接双方和监交人员以及其他的相关人员，必须认真对待，不得敷衍了事、马虎应付。

会计基础工作的制度规范：内部会计管理制度

9.1　内部会计管理制度建设的基本要求

9.1.1　加强单位内部会计管理制度建设的必要性

内部会计管理制度，在会计实务中也称为内部会计控制制度，它是指单位为了保护资产的安全、完整，提高会计信息质量，确保有关法律法规和规章制度及单位经营管理方针政策的贯彻执行，避免或降低风险，提高经营管理效率，实现单位经营管理目标而制定和实施的一系列控制方法、措施和程序。它是通过单位内部部门和人员在明确分工的基础上进行的相互制约的行为规范。《会计基础工作规范》第 83 条规定："各单位应当根据《中华人民共和国会计法》和国家统一会计制度的规定，结合单位类型和内容管理的需要，建立健全相应的内部会计管理制度。"建立完整有效的单位内部会计管理制度，不仅是会计法规的要求，也是单位加强管理的需要。

1. 加强单位内部会计管理制度建设是规范会计工作秩序的需要

会计工作依法有序地进行，是会计工作发挥职能作用的重要保证。我国现行的会计法规制度和单位内部会计管理制度虽对内部会计控制问题有相应规定，但由于执行不力，造成会计业务内部及其他业务之间缺乏制约，进而造成会计工作秩序的混乱。因此，必须建立健全内部会计管理制度，使之成为单位内部管理的自觉行动，只有这样，会计秩序的运行才能有可靠的保证。

2. 加强单位内部会计管理制度建设是改善单位经济管理的重要保证

财务会计管理是单位内部管理的中心环节，是一项重要的综合性、职能性管理工作。一般而言，会计工作可以分为财务会计和管理会计。会计法规制度主要侧重于对财务会计的基本要求做出规定，管理会计方面的内容则因其是单位内部的管理行为而未涉及。但这并不是说在财务会计与管理会计两者之间可以厚此薄彼。实际上，财务会计与管理会计都是单位内部管理的重要手段。因此，必须制定一套规范完整的内部会计管理制度，充分保证财务会计和管理会计更好地参与单位内部经济管理，使会计工作渗透到单位内部管理的各个环节、各个方面，不仅有利于会计工作更好地发挥职能作用，更有利于改善单位内部管理，提高经济效益。

3. 加强单位内部会计管理制度建设是增强单位财务控制的中心环节

内部控制作为企业生产经营活动的自我调节和自我制约的内在机制，处于企业管理中枢神经系统的重要位置，而财务控制是企业内部控制的重要组成部分。企业在整个的生产活动中，对生产、供应、销售等工作进行控制，而财务控制是一种价值控制，可将不同岗位、不同部门、不同层次的业务活动相结合，进行综合控制，它是内部控制的中心环节。财务控制的综合性最终表现为其控制内容都归结为资产、利润、成本这些综合价值指标上。

9.1.2　制定内部会计管理制度遵循的原则

制定内部会计管理制度，应当遵循一定的原则，以保证内部会计管理制度科学、合理，切实可行。《会计基础工作规范》第84条对此做出了原则性规定。各单位制定内部会计管理制度应当遵循下列原则。

（1）应当执行法律、法规和国家统一的财务会计制度。

（2）应当体现本单位的生产经营、业务管理的特点和要求。

（3）应当全面规范本单位的各项会计工作，建立健全会计基础，保证会计工作的有序进行。

（4）应当科学、合理，便于操作和执行。

（5）应当定期检查执行情况。

（6）应当根据管理需要和执行中的问题不断完善。

对于以上的6个原则，我们可以把它归纳为以下4个方面。

1. 合法性原则

依法办事是会计工作的首要准则，也是制定单位内部会计管理制度的首要原则。尽管会计法规赋予各单位一定的理财自主权和会计核算方法的自主权，但上述自主权如果超出会计法规允许的范围和界限，并对经济管理活动产生消极影响，则是会计法规所不允许的。

2. 适应性原则

适应性是制度的生命。制度必须充分体现单位实际，不能生搬硬套书本上或其他单位的管理方法和管理模式，要与单位其他管理制度相衔接。内部会计管理制度只能是对单位制度的进一步归纳和具体化，不能脱离单位实际另搞一套，内部会计管理制度应适应内部管理要求并发挥作用。

3. 规范性原则

必须全面规范本单位各项会计工作，建立健全会计基础，保证会计工作的有序进行。

规范性原则的基本要求主要体现在：一方面，内部会计管理制度要符合并体现会计学科的基本原理和方法，不能与会计学科的基本要求相违背；另一方面，内部会计管理制度的内容要全面，应严格规范会计事务的各个方面、各个环节的工作，不能顾此失彼。

4. 科学性原则

制定内部会计管理制度的科学性原则，主要体现在以下几个方面。

（1）科学合理。即所制定的内部会计管理制度便于操作和执行，缺乏科学性或不易操作的管理制度，就不会有生命力。

（2）利于控制。即内部会计管理制度必须体现内部控制的要求。有效的内部控制是现代管理的基本要求，而会计控制是内部控制的重要组成部分，因此，内部会计管理制度必须体现这方面的要求。

（3）定期完善。即各单位所制定的内部会计管理制度，应当根据执行情况和管理需要不断完善，以保证内部会计管理制度更加适应管理需要。

9.1.3 单位内部会计控制体系框架和基本内容

要建立单位内部会计控制体系，就需要解决两个层次的问题。首先是需要建立哪几种内部会计管理制度，其次是一种内部会计管理制度能够解决哪些问题。

1. 单位内部会计控制体系框架

《会计基础工作规范》在第85条至第96条从强化会计管理和各单位的实际情况出发，示范性地提出了一个完整的单位内部会计控制体系应当建立的12项内部会计管理制度，分别是：内部会计管理体系，会计人员岗位责任制度，账务处理程序制度，内部牵制制度，稽核制度，原始记录管理制度，定额管理制度，计量验收制度，财产清查制度，财务收支审批制度，成本核算制度，财务会计分析制度。

同时，对各项制度应当包括的主要内容，提出了原则性指导意见。应当强调的是，各单位建立哪些内部会计管理制度，各项内部会计管理制度包括哪些内容，主要取决于单位内部的经营管理需要，不同类型的单位对内部会计管理制度有不同的选择，如行政单位往往不需要建立成本核算制度等。《会计基础工作规范》所提出的建立内部会计管理制度的示范性要求，只作为指导意见，一方面是引导各单位加强内部会计管理制度建设，另一方面是为了避免各单位在制定内部会计管理制度过程中出现不必要的失误。

2. 单位内部会计控制体系的主要内容

单位内部会计控制体系，主要是指一个单位的会计上的组织体系。《会计基础工作规范》第85条规定："各单位应当建立内部会计管理体系。主要内容包括：单位领导人、总会计师对会计工作的领导职责；会计部门及其会计机构负责人、会计主管人员的职责、权限；会计部门与其他职能部门的关系；会计核算的组织形式等。"

第一，明确单位负责人对会计工作的领导职责。根据《会计法》和《会计基础工作规范》的规定，单位负责人应当对会计工作全面负责；领导会计机构、会计人员和单位其他人员认真执行会计法律、法规、规章、制度，督促内部会计管理制度的贯彻实施；保证会计资料合法、真实、准确、完整，保障会计人员依法行使职权；对忠于职守，做出显著成绩的会计人员进行表彰奖励。

第二，明确总会计师对会计工作的领导职责。根据《会计法》和《总会计师条例》的规定，需要设置总会计师的单位应当依法设置总会计师。设置总会计师的单位，应当按照《会计法》和《总会计师条例》的规定，明确总会计师的职责、权限。

第三，决定会计机构的设置，明确会计机构以及会计机构负责人（或者会计主管人员）的职责。会计机构的设置原则，会计机构的职责以及会计机构负责人、会计主管人员的职责，应当按照《会计法》和《会计基础工作规范》规定的原则，结合本单位实际情况做出规定。

　　第四，明确会计机构与其他职能机构的分工与关系。会计部门与单位内部其他部门，如统计部门、内部审计部门、销售部门、物资管理部门等有着十分密切的联系，在工作中经常发生业务联系，非常有必要明确它们之间的职责、分工，这样有利于明确责任、加强协作，也有利于管理者的监督、考核。

　　第五，确定单位内部的会计核算组织形式。主要是明确单位内部的会计核算组织体系，即是实行集体核算，还是实行分散核算（如二级核算、三级核算等）。

9.2　内部会计管理制度的具体制定

　　《会计基础工作规范》提出了应当建立 12 项内部会计管理制度，各单位应结合实际，建立健全适合本单位特点的内部会计管理制度，使会计管理工作程序化、规范化，可以有章可循，以制度来约束自己的行为。

9.2.1　会计工作组织体系及会计人员岗位职责

1. 内部会计管理体系

　　单位内部会计管理体系主要是指一个单位的会计工作组织体系。内部会计工作组织体系是搞好会计工作的基础和保证。在制定此制度时应明确单位负责人对会计工作的领导职责以及会计部门和会计机构负责人的职责和权限。

2. 会计人员岗位责任制度

　　会计人员岗位责任制度是单位内部会计人员管理的一项重要制度，是对会计人员岗位职责和标准的规定。建立岗位责任制有利于会计人员明确职责，钻研业务，提高工作效率和质量；有利于会计工作的程序化、规范化和会计基础工作的加强；有利于强化会计管理职能，提高会计工作的水平。

　　制定会计人员岗位责任制度时，应主要明确会计人员工作岗位的设置、岗位职责和标准，岗位轮换计划、岗位考核办法等方面的规定。

对会计岗位进行有计划的轮换是对会计工作的一个新要求，也是十分必要的。对会计人员进行岗位轮换，既可以使接替人员对前任的工作进行检验，防止舞弊，防止违法乱纪，又可以激励会计人员积极提高业务技术水平，按时完成份内工作，使每个会计人员熟悉本单位各会计岗位的工作和职责。

3. 内部牵制制度

内部牵制制度是内部会计管理制度的重要内容之一。制定该项制度时，应当与会计人员岗位责任制度结合起来考虑。其主要内容包括：内部牵制制度的原则，包括机构分离、职务分离、钱账分离、账务分离等；对出纳等岗位的职责和限制性规定；有关部门或领导对限制性岗位的定期检查办法等。

制定内部牵制制度，主要是为了加强会计人员相互制约、相互监督、相互核对，提高会计核算工作的质量，防止会计事务处理中发生的失误和差错以及营私舞弊等行为。有的单位认为实行内部牵制制度手续烦琐、程序复杂，对内部牵制制度规定的必要程序任意简化；有的单位因会计人员少，认为不具备实行钱账分管制度的条件而没有建立等。上述种种原因，造成有的单位会计机构内部牵制制度不健全，内部管理混乱，甚至给国家造成不应有的损失。因此，建立内部牵制制度是十分必要的。

4. 稽核制度

稽核制度是指在会计机构内部指定专人对有关账证进行审核、复查的一种制度。该项制度的建立也应结合会计人员岗位责任制度一并考虑。制定的稽核制度应包括：稽核工作的组织形式和具体分工，稽核工作的职责、权限，稽核工作的程序和基本方法等。

会计稽核是会计机构本身对会计核算工作进行的一项自我检查或审核工作，其目的在于防止会计核算工作上的差错和有关人员的舞弊行为。通过稽核，单位可对日常会计核算工作中所出现的疏忽、错误等及时加以纠正或制止，以提高会计核算工作的质量。从会计工作实际情况来看，一些单位存在的会计数据失真、会计账目不清、会计核算混乱等问题，在很大程度上与会计机构内部稽核制度不健全有关。

5. 财务收支审批制度

财务收支审批制度是指确定财务收支审批范围、审批人员、审批权限、审批程序及其责任的制度。建立健全财务收支审批制度，是财务会计工作的关键环节。主要内容包括：财务收支审批人员和审批权限，财务收支审批程序，财务收支审批人员的责任。

9.2.2 会计核算工作制度

会计核算工作制度主要用来规范单位会计核算工作，主要包括：账务处理程序制度、原始记录管理制度、成本核算制度等。

（1）账务处理程序制度主要是对会计凭证、账簿、报表等会计核算流程和基本方法的规定。制定该制度也就是将会计核算日常工作流程和方法以文字的形式加以规范。该项制度包括会计核算工作的全过程，包括会计科目及其明细科目的设置和使用，会计凭证的格式、审核要求和传递程序，会计核算方法，会计账簿的设置、编制会计报表的种类和要求及单位指标体系等各个方面。

（2）原始记录管理制度、定额管理制度、计量验收制度、财产清查制度等制度是会计核算工作的基础环节，是会计核算工作正常进行的保证，也是提高会计核算质量的重要措施。各单位应根据内部管理需要制定各项制度。

（3）成本核算制度主要适用于企业单位，行政单位则不需要建立本制度。企业应根据本单位成本核算的特点来制定本制度。重点是成本核算对象的确定、成本核算方法、程序，有关成本基础制度的制定、成本考核和成本分析等方面。此项制度，涉及企业的各个方面和国家、企业、职工之间相互利益，是企业内部会计制度的重要内容之一。

9.2.3 财务会计分析制度

建立定期财务会计分析制度，检查财务会计指标落实情况，分析存在的问题和原因，提出相应改进措施，是加强单位内部管理、不断提高经济效益的重要措施。该项制度主要是规定财务会计分析的时间、召集形式、参加的部门和人员，财务会计分析的内容和分析方法，财务会计分析报告的编写要求等项目。

综上所述，建立内部会计管理制度是国家法律、法规的必要补充，是贯彻实施国家会计法律、法规的重要基础和保证。各单位建立健全内部会计管理制度，有利于规范会计工作秩序，完善会计管理制度体系，改善单位经济管理。各单位在制定内部会计管理制度时应遵循一定的原则，制定出适合本单位的管理制度，使会计工作更加规范化，从而提高单位会计工作管理水平。

第 **10** 章

会计基础工作之会计监督：现状和体系

10.1 会计监督概念与现状

10.1.1 会计监督的概念

会计监督是会计的基本职能之一，是我国经济监督体系的重要组成部分。会计监督可以分为单位内部监督、国家监督和社会监督。本书主要介绍单位内部的会计监督。

会计监督是国家法律赋予会计机构、会计人员正当行使的职权，也是我国经济监督体系中直接、主要的监督手段。《会计法》第 5 条规定："会计机构、会计人员依照本法规定进行会计核算，实行会计监督。"同时，各单位也有接受会计监督的义务，《会计法》第 27 条中明确规定："各单位应当建立、健全本单位内部会计监督制度。"

进行会计监督的直接目的是确保各项经济活动的合规性、合理性以及保障会计信息的相关性、可靠性和可比性，最终目的是提高特定主体工作效益（包括社会效益和经济效益）。

10.1.2 当前我国会计监督中的一些问题

我国经济生活逐步与国际接轨，会计监督体系逐渐建立，取得了长足的发展，但现阶段也还存在着不足。目前社会上，有一些部门和单位受局部利益或个人利益的驱动，会计工作违规违纪，弄虚作假的现象时有发生，造成会计工作秩序混乱，会计信息失真，严重影响了投资者、债权人以及社会公众的利益。

就我国目前会计监督的现状而言，问题主要表现在以下几个方面。

（1）我国会计监督法律约束机制不全，使得会计机构、会计人员不能有效地行使其监督职能，导致企业内部的会计监督不力。

（2）企业管理体制不全，内部控制制度失调。我国部分企业内部管理和控制制度不全，主要体现在缺乏内部监督和控制制度，或虽建立了相应的制度，但这些制度形同虚设，没有得到有效执行，以致会计秩序混乱，徇私舞弊现象经常发生。

（3）企业负责人的约束机制不全，阻碍了会计的有效监督。目前，在一些企业中，管理者为了追求自身短期利益最大化目标，指使、授权会计机构、会计人员做假账，伪造会计凭证，办理违法会计事项，从而使得会计工作受制于管理当局，不能独立行使其监督职能，破坏了正常的会计工作。

（4）会计人员综合素质不高，职业道德观念有待加强。一般来说，企业虚假的会计信息出自会计人员之手，因此，会计人员的综合素质以及职业道德观念在会计监督中起着至关重要的作用。在当前的条件下，部分会计人员的监督意识不强，法制观念淡薄，缺乏职业风险意识，职业判断能力弱，自我管制能力差，唯命是从，在权大于法的思想支配下，有意造假，使得会计信息失真。

10.2　会计工作的政府监督和社会监督

10.2.1　会计工作的政府监督

政府监督又称国家监督，是一种外部监督，主要是政府有关部门代表国家依据法律、行政法规的规定和部门的职责权限，对有关单位的经济行为和其他对象所进行的监督检查。国家法律赋予了相关政府部门进行会计监督的权利与义务。《会计法》第33条规定："财政、审计、税务、人民银行、证券监管、保险监管等部门应当依照有关法律、行政法规规定的职责，对有关单位的会计资料实施监督检查。"

1. 国家财政部门对会计工作的监督

财政监督是指各级财政部门在资金积累、分配和使用过程中，对行政事业单位、部门、企业的经济活动和业务活动及其成果所实行的监督。它是各级财政部门根据国家法律、法规的规定，利用单位预算、财务收支计划以及财务会计报表等所反映的经济活动的情况来进行的。加强财政监督，有利于严格财经纪律，保证国家预算、计划的全面完成，促使各单位加强经济核算，降低消耗、成本，提高经济效益；也有利于加强各单位的会计工作管理。

根据《会计法》的规定，县级以上人民政府财政部门为各单位会计工作的监督检查部门，对各单位会计工作行使监督权，对违法会计行为实施行政处罚。因此，财政部门（国务院财政部门、国务院财政部门的派出机构、县级以上人民政府财政部门）是《会计法》的执法主体，是会计工作政府监督的实施主体。

《会计法》对各级财政部门的监督内容也给予了明确的规定，根据《会计法》第 32 条规定，财政部门对各单位的下列情况实施监督：

（1）是否依法设置会计账簿。

（2）会计凭证、会计账簿、财务会计报告和其他会计资料是否真实、完整。

（3）会计核算是否符合本法和国家统一的会计制度的规定。

（4）从事会计工作的人员是否具备从业资格。

在对以上所列事项实施监督，发现重大违法嫌疑时，国务院财政部门及其派出机构可以向与被监督单位有经济业务往来的单位和被监督单位开立账户的金融机构查询有关情况，有关单位和金融机构应当给予支持。

各级财政部门在进行会计监督时必须注意以下事项：①有关部门必须在法定职责范围内对有关单位的会计资料实施监督检查；②有关部门应当避免重复查账；③实施监督检查的部门及其工作人员应尽到保密义务。

2. 审计机关的监督

政府审计监督，是国务院审计机关和各级人民政府审计机关依据我国宪法和法律对各级政府的财政收支，对国家的财政金融机构和企业、事业组织的财务收支，进行审计监督。《中华人民共和国审计法》第 36 条规定，审计机关在对国家机关、国有金融机构、国有企业事业单位进行审计时，"有权检查被审计单位的财务、会计资料以及与财政收支、财务收支有关的业务、管理等资料和资产，有权检查被审计单位信息系统的安全性、可靠性、经济性，被审计单位不得拒绝"。

各级审计机关独立行使审计监督权，不受其他行政机关、社会团体的干涉。一切属于政府审计范围的机关、企业、事业单位，都必须接受审计监督，审计机关做出的审计结论和处理决定，有关单位和个人必须接受。加强政府的审计监督，有利于维护国家财经纪律，也有利于各单位会计工作的依法进行。

3. 税务机关的监督

税务监督主要是指各级税务机关在税收征收管理过程中，对纳税人的纳税及影响纳税的其他工作所实行的监督。税务机关根据国家税收法律、法规的规定通过日常税收征管工作，不仅促使纳税人依法经营，建立、健全有利于正确计算和反映纳税所得额情况的各项基础工作制度，推动各单位加强包括会计工作在内的管理工作，同时也督促纳税人依法纳税，遵纪守法，堵塞各种税收漏洞，纠正和查处违反税法的行为，保证包括《会计法》《会计基础工作规范》在内的各项财经法规的贯彻实施。

财政监督、审计监督和税务监督是政府监督的有效手段，各单位必须自觉接受并配合财政、审计、税务机关依法进行的监督，如实提供会计凭证、会计账簿、会计报表和其他会计资料以及有关情况，这既是一种义务，也是一种责任。在实际工作中，有的单位为了掩盖违法违纪行为，拒绝检查；有的单位虽不公开拒绝检查监督，但往往采取种种手段进行阻挠、刁难，制造假象，隐匿有关资料，甚至谎报情况等。这些都是违法行为，应该予以纠正。

10.2.2 会计工作的社会监督

会计工作的社会监督主要是指社会中介机构，如会计师事务所，依法对受托单位的经济活动进行审计，并据实做出客观评价的一种监督形式。

会计工作的社会监督是依靠社会力量包括社会中介机构对会计工作实施的监督。社会公众的监督具有广泛性，它能对遍布各个领域、各个层次的会计行为起监督作用，揭露会计行为中的违法现象，具有很大的威力；而社会中介机构的监督，或称社会审计，则具有专业的优势，依法对会计事项进行核查、验证，做出审计结论，这种监督是严谨细致的、深入的。将社会公众的力量与社会中介机构的专业力量相结合，形成对会计工作的社会监督是必要的、不可缺少的；也是与会计事务的广泛存在，且会计工作专业性强和技术性强这个特点相适应的，表明了社会监督的重要性。

《会计基础工作规范》第 82 条规定："按照法律规定应当委托注册会计师进行审计的单位，应当委托注册会计师进行审计，并配合注册会计师的工作，如实提供会计凭证、会计账簿、会计报表和其他会计资料以及有关情况，不得拒绝、隐匿、谎报，不得示意注册会计师出具不当的审计报告。"这是对会计工作的社会监督问题做出的规定。

10.3　单位内部的会计监督

10.3.1　单位内部会计监督的概念

单位内部会计监督，是指会计机构和会计人员凭借经授权的特殊地位和职权，依照特定主体制定的各种合法制度，对特定主体经济活动过程及其引起的资金运动进行综合的、全面的、连续的、及时的监督，以确保各项经济活动的合规性、合法性，保障会计信息的相关性、可靠性和可比性，从而达到提高特定主体工作效益的目的的活动。

10.3.2　单位内部会计监督的特点

从会计监督的概念以及我国会计事务的实践来看，单位内部会计监督具有以下特点。

1. 单位内部实施会计监督的主体是经授权的会计机构和会计人员

会计机构和会计人员具有进行会计监督的权利，同时也具有监督的义务。说到权利，这里就需要强调"经授权"概念，因为监督是一种权力约束机制，会计机构和会计人员只有经授权才能进行体现授权者意志的会计监督。例如，在企业，企业领导作为授权者，在法律允许的范围，为了本单位的利益，授予会计机构和会计人员一定的监督权力后，会计机构和会计人员在其会计管理过程中，必须贯彻领导的意图，实行会计监督。

另外，会计监督也是《会计法》和《会计基础工作规范》赋予会计人员的重要责任，必须严格认真地履行。在市场经济条件下，经济活动复杂多样，会计监督任务变得异常艰巨。会计人员要履行好会计监督职责：一方面要认真掌握财经法律、法规、制度，以便准确地判断各种经济活动是否合法、合理，不断提高会计监督水平；另一方面要不断改进会计监督的方式和方法，把会计监督寓于服务之中，更多地为提高经济效益服务。这样，会计监督就会得到包括单位负责人在内的大多数人的理解和支持，会计监督就能顺利地进行。

2. 会计监督的对象是特定主体的经济活动过程及其引起的资金运动

这里的"特定主体"，就是会计主体，即指会计为之服务的特定单位。这个特定单位可以是企、事业单位，也可以是个人、家庭，还可以是政府机构。这里的"经济活动过程"既包括经济活动引起的经济现象，也包括同这些经济现象相联系的经济关系。至于资金运动，是由会计工作的特点决定的。因为会计的基本工作就是将所有会计对象采用同一种货币作为统一尺度进行计量，并把特定主体经济活动过程和财务状况的数据转化为统一货币单位反映的会计信息。

3. 会计对特定主体经济活动过程及其引起的资金运动进行监督，具有综合性、全面性、连续性和及时性的特点

会计监督的综合性表现在两个方面：一是国家物价、税收、财务、工商行政、金融、财政和劳资等各方面经济政策在会计主体的执行情况，最终都将反映在会计上；二是表现在会计监督的价值信息的综合性上。会计监督的全面性，是指凡涉及会计主体的经济活动过程及其引起的资金运动，事无巨细，大到会计主体长期投资、筹资决策，小到差旅费、办公费报销等都必须进行会计监督。会计监督的连续性，是指会计监督具有稳定性和经常性。会计监督是伴随着会计主体的经济活动过程而连续不断地进行的，即在实施会计核算的同时也就进行了会计监督。会计监督的及时性，是指经授权的会计机构和会计人员在经济业务发生的同时需要及时地取得会计信息进行会计反映、监察和督促。

4. 会计监督的依据是特定主体制定的各种合法制度

依据《会计法》和《会计基础工作规范》，会计监督的依据通常包括 5 个方面：一是国家财经法律、法规、规章，二是会计法律、法规和国家统一会计制度，三是各省、自治区、直辖市财政厅（局）和国务院主管部门根据《会计法》和国家统一会计制度制定的具体实施办法或补充规定，四是各单位根据《会计法》和国家统一会计制度制定的单位内部会计制度，五是各单位内部的预算、财务计划、经济计划、业务计划等。

5. 加强国家监督和社会监督是单位内部会计监督有效进行的重要保证

单位内部会计监督、国家监督、社会监督共同构成完整的会计监督体系，三者缺一不可。这里的国家监督，主要是指财政、审计、税务等机关依照法律和国家有关规定对各单位进行的监督，它是维护社会经济秩序的重要手段和形式；社会监督，主要是指社会中介机构，如会计师事务所，接受委托对单位的经济活动进行依法审计，并据实做出客观评价的一种监督形式。国家监督和社会监督都是从单位外部进行的，相对于单位内部会计监督而言，它是一种外部监督。国家监督是依法对各单位进行强制性的行政监督，社会监督是以其特有的中介性和公正性所进行的监督，上述两种监督形式及其结果得到法律认可，具有很强的权威性、公正性。因此，国家监督和社会监督的有效开展，可以有效地保证各单位的经济活动依法有序地进行，并可弥补单位内部会计监督存在的种种不足，或者说国家监督和社会监督是对单位内部会计监督的一种再监督。国家监督和社会监督的加强，可以推动单位内部会计监督的充分开展；单位内部会计监督的有效进行，为国家监督和社会监督的进行提供了重要基础。在社会主义市场经济条件下加强国家监督和社会监督的必要性，就在于它不仅是维护社会主义市场经济秩序的重要基础，同时也是促进单位内部会计监督有效进行的重要保证。要发挥会计监督在维护社会主义市场经济秩序中的作用，必须在强化单位内部会计监督的同时，加强国家监督机关和社会监督机构对各单位经济活动的监督，这是我国社会主义市场经济的发展要求所决定的。

6. 单位负责人要保障会计监督的顺利进行

单位负责人是单位的最高管理者，对本单位包括会计工作在内的一切经营管理活动都负有责任。《会计法》和《会计基础工作规范》都规定，单位负责人对会计资料的合法、真实、准确、完整负有责任。保证会计资料的合法、真实、准确、完整，在很大程度上取决于会计监督工作能按规定进行。只要会计监督真正起到把关守口的作用，财务收支中的任何违法违纪问题都会得到有效的制止和纠正。也就是说，只要会计人员的监督职责完全履行到位，单位负责人保证会计资料合法、真实、准确、完整的法律责任就能很好地履行。从这一意义上讲，单位负责人与会计人员在会计监督问题上的目标是一致的，会计人员认真履行会计监督职责，完全是对单位负责人负责，避免单位负责人因不了解会计法规制度而触犯法律。因此，加强会计监督，对单位负责人履行保证会计资料合法、真实、准确、完整的责任起到至关重要的作用。一方面，单位负责人要支持、保障会计人员依法进行监督，为会计人员撑腰，帮助解决会计人员在监督中遇到的实际困难和问题，在单位内部为会计人员进行有效的会计监督创造一个良好的环境；另一方面，单位负责人自己要以身作则，带头支持会计人员履行监督职责，尤其不应对会计人员依法履行监督职责进行干扰、阻挠。在现实工作中，有许多单位负责人认为会计人员对单位负责人批办的财务收支进行抵制是"与自己过不去"，甚至采取不法手段对在监督中坚持原则的会计人员进行打击报复等。这些认识和做法显然是不对的。单位负责人主持会计工作，不是说单位负责人可以横加干预、阻挠会计人员依法行使职权。如果是这样，则表明单位负责人不是在履行《会计法》《会计基础工作规范》赋予其领导会计工作的职责，而是在践踏法律赋予的职责，应当受到法律的制裁。

10.3.3 单位内部会计监督的主要内容

会计监督寓于会计核算中，核算的过程就是监督的过程，核算的内容就是监督的内容。《会计基础工作规范》从第72条至第80条对单位内部会计监督的主体和对象、单位内部会计监督的依据、单位内部会计监督的程序和要求等问题做出了具体规定。单位内部会计监督的具体内容主要包括以下几个方面。

1.对原始凭证进行审核和监督

这是对财务会计信息质量实行源头控制的重要环节，是会计基础工作的一项重要内容。《会计法》第14条规定："会计机构、会计人员必须按照国家统一的会计制度的规定对原始凭证进行审核，对不真实、不合法的原始凭证有权不予接受，并向单位负责人报告；对记载不准确、不完整的原始凭证予以退回，并要求按照国家统一的会计制度的规定更正、补充。原始凭证记载的各项内容均不得涂改；原始凭证有错误的，应当由出具单位重开或者更正，更正处应当加盖出具单位印章。原始凭证金额有错误的，应当由出具单位重开，不得在原始凭证上更正。记账凭证应当根据经过审核的原始凭证及有关资料编制。"

《会计基础工作规范》第 74 条在重申《会计法》关于对原始凭证审核监督规定的基础上，对有关监督程序和要求做出了相应规定。其基本要求如下。

（1）对原始凭证真实性、合法性的审核和监督

《会计基础工作规范》在第 74 条中规定："对不真实、不合法的原始凭证，不予受理。对弄虚作假、严重违法的原始凭证，在不予受理的同时，应当予以扣留，并及时向单位领导人报告，请求查明原因，追究当事人的责任。"这是对原始凭证真实性、合法性审核监督要求的规定。所谓不真实的原始凭证，是指原始凭证表述的事项与实际业务不符，是一种虚假的凭证；所谓不合法的原始凭证，是指原始凭证所表述的事项与经济业务相符，但经济业务本身不符合法规制度的规定。如一张购货发票所表述的购货数量与实际购货数量不符，或者发票上的购货单价、金额被涂改，与实际单价、金额不符，这张购货发票就是不真实的原始凭证；如果这张购货发票本身手续齐备，与验货情况相符，但所购买的货物属于需要经过一定批准手续的商品而未办理批准手续，这张购货发票就是不合法的原始凭证。《会计基础工作规范》规定，对不真实、不合法的原始凭证，会计人员有责任，也有权不予办理。对于不真实、不合法的原始凭证，有的是由于记录错误，有的是故意歪曲事实、弄虚作假等。会计人员通过审核监督原始凭证，及时发现问题，采取相应措施，制止、纠正和揭露经济业务中的违法违纪行为，保护单位、国家和社会公众利益，并为保证会计数据的合法、真实打下基础。

（2）对原始凭证准确性、完整性的审核和监督

《会计基础工作规范》在第 74 条中同时规定："对记载不准确、不完整的原始凭证，予以退回，要求经办人员更正、补充。"这是对原始凭证准确性、完整性审核监督的具体要求。作为记账依据的原始凭证，不仅必须真实、合法，而且必须准确、完整。所谓不准确的原始凭证，是指原始凭证没有准确地表述经济活动真相，或在文字上、数字记录上发生差错等；所谓不完整的原始凭证，是指凭证上的文字说明、有关数字没有按会计制度的要求填写齐全。这类原始凭证主要是由于填制凭证人员在填写工作上的差错或疏忽造成的，只

要退还经办人员并改正记录或补充记录，仍可以作为记账依据。

认真审核原始凭证，确保其合法、真实、准确、完整，是会计人员的基础工作之一，也是会计监督的重要环节。大量的会计事务都是从审核原始凭证开始的。对原始凭证的审核直接影响会计核算的质量和会计工作的正常进行。审核原始凭证，看似简单，但要做好这项工作并不容易，其中包含着很强的技术性、政策性和责任心。

现实工作中存在的大量违法违纪问题，很大一部分都与对原始凭证把关不严有直接关系，致使一些不法分子利用原始凭证做手脚、牟取非法利益，给国家、集体或者本单位造成不应有的损失。因此，执行《会计基础工作规范》关于审核监督原始凭证的规定，需要做许多工作：第一，会计人员要认真学习财经法律、法规、规章制度，掌握经济业务合法与非法的界限；第二，要总结在审核原始凭证方面的经验，提高判别原始凭证真实性、合法性的业务水平；第三，要建立、健全单位内部管理制度和内部控制制度，从制度上防范原始凭证不真实、不合法、不准确、不完整的现象发生；第四，要加强单位内部的票证管理。

2. 对会计账簿的监督

会计账簿是会计主体的重要经济档案，是会计主体系统归纳、积累财务会计核算资料的工具，对在特定范围内划清经济责任、考核经济活动有着十分重要的作用。对会计账簿的监督，主要包括：要求会计机构、会计人员应当按照合规要求和会计业务的需要设置和登记会计账簿；对伪造、变造、故意毁灭会计账簿或者账外设账行为，进行制止和纠正；制止和纠正无效的，应当及时报告，并配合国家监督和社会监督，做出处理。

《会计基础工作规范》第75条规定："会计机构、会计人员对伪造、变造、故意毁灭会计账簿或者账外设账行为，应当制止和纠正；制止和纠正无效的，应当向上级主管单位报告，请求做出处理。"《会计基础工作规范》第77条规定："会计机构、会计人员对指使、强令编造、篡改财务报告行为，应当制止和纠正；制止和纠正无效的，应当向上级主管单位报告，请求处理。"这是对会计账簿和财务报告监督问题做出的规定。

《会计法》和《会计基础工作规范》都规定，财务报告必须根据登记完整、核对无误的会计账簿记录和其他有关资料编制。这表明会计账簿和财务报告之间有着内在的联系。认真登记会计账簿和编制财务报告，审核监督账簿和报表的各项内容，确保账簿记录和财务报告的真实、全面，是会计基础工作的重要环节，也是会计监督的内容。在现实工作中，会计账簿和财务报告环节上的突出问题主要有以下几点。

（1）设置多套账，编制多套表。即将经济业务按不同的口径和要求登记账簿，并相应编制多套内容完全不一样的会计报表，以满足不同方面的要求，如应付财政、税务部门的检查设一套账、编一套表，为骗取银行贷款设一套账、编一套表等。设置多套账、编制多套表是伪造、变造会计账簿、财务报告行为，严重违反国家法律规定。

（2）账外设账。即不将正常的经济业务通过单位统一的会计核算（会计实务工作中也称为"大账"）反映，也不在正常的单位财务报告中反映，而是通过在单位内部有关部门中另设"小账"进行核算，以达到私设"小金库"、搞资金体外循环等非法目的。

（3）不记账、乱记账、随意造假账、假表。这是会计工作秩序混乱的典型表现之一。在有些单位，由于内部管理混乱、管理人员和会计人员素质不高，记账极不规范，乱记账、记错账、乱编表现象经常发生，有的单位甚至不记账或者随意造假账，以致核算不实，家底不清。这种现象，不仅影响了单位内部管理，也给国家和社会公众利益带来了严重影响。

（4）随意毁灭会计账簿。这种现象与账外设账有着密切联系，即待"小账"的资金花完之后，将账目毁掉，以达到销毁证据、使监督检查部门无法检查的目的。

对于上述违法问题，有的是单位领导指使会计人员参与进行的，有的会计人员虽有抵制但抵制无效，有的属于会计人员知情不举，还有的是会计人员素质不高造成的，等等。对会计账簿和财务报告的监督，难度比较大，原因是会计账簿和财务报告往往是由会计人员经办的。所以，对会计账簿和财务报告的监督，更应当引起会计人员的高度重视。

编造假账和财务报告是严重的违法行为，是国家法律明令禁止的，《会计法》第 43 条规定："伪造、变造会计凭证、会计账簿，编制虚假财务会计报告，构成犯罪的，依法追究刑事责任。有前款行为，尚不构成犯罪的，由县级以上人民政府财政部门予以通报，可以对单位并处五千元以上十万元以下的罚款；对其直接负责的主管人员和其他直接责任人员，可以处三千元以上五万元以下的罚款；属于国家工作人员的，还应当由其所在单位或者有关单位依法给予撤职直至开除的行政处分；其中的会计人员，五年内不得从事会计工作。"

不仅《会计法》《会计基础工作规范》有明确规定，其他法律也对此应当承担的法律责任有相应规定。如《中华人民共和国刑法》第162条规定："隐匿或者故意销毁依法应当保存的会计凭证、会计账簿、财务会计报告，情节严重的，处五年以下有期徒刑或者拘役，并处或者单处二万元以上二十万元以下罚金。"

"单位犯前款罪的，对单位判处罚金，并对其直接负责的主管人员和其他直接责任人员，依照前款的规定处罚。"

《中华人民共和国刑法》第161条规定："依法负有信息披露义务的公司、企业向股东和社会公众提供虚假的或者隐瞒重要事实的财务会计报告，或者对依法应当披露的其他重要信息不按照规定披露，严重损害股东或者其他人利益，或者有其他严重情节的，对其直接负责的主管人员和其他直接责任人员，处三年以下有期徒刑或者拘役，并处或者单处二万元以上二十万元以下罚金。"

从上述规定看，不管是谁，只要编造假账和财务报告，就是一种违法甚至是犯罪行为，都将受到法律的制裁。因此，会计人员必须严格按照有关法律规定和《会计基础工作规范》的要求，认真监督会计账簿和财务报告，对弄虚作假行为，应当进行制止和纠正；制止和纠正无效的，应当向上级主管单位报告，请求处理。上级主管单位对会计人员的报告，应当在规定的时间内进行处理。同时，会计人员不应当也不允许参与弄虚作假，因为通同作弊行为，也要受到法律的制裁。

3. 对实物、款项的监督

《会计基础工作规范》第76条规定："会计机构、会计人员应当对实物、款项进行监督，督促建立并严格执行财产清查制度。发现账簿记录与实物、款项不符时，应当按照国家有关规定进行处理。超出会计机构、会计人员职权范围的，应当立即向本单位领导报告，请求查明原因，做出处理"。这是对财务物资监督的规定，其目的在于认真执行财产清查制度，分清责任，保护会计主体财产的安全、完整。

账实、账款、账账相符，是会计工作的基本要求，也是加强财产物资管理的重要措施。在实际工作中，账实不符、账款不符的问题在许多单位经常发生，造成会计工作秩序混乱和会计信息失真，除内部财产物资管理制度不健全等原因外，与单位负责人和会计人员不重视对财产物资的监督或故意在这方面造成混乱以牟取非法利益有很大关系。因此，《会计基础工作规范》强调，会计机构、会计人员应从其业务特点出发，加强对本单位的财产物资的监督和管理。具体要求如下。

（1）各单位要建立账簿、款项和实物核查制度，保证账账、账款、账实相符。建立健全内部管理制度，可以使会计机构、会计人员对本单位各项财物、款项的增减变动和结存情况及时记录、计算、反映、核对等会计基础工作规范化、制度化。

（2）会计人员对账实不符的情况要及时做出处理。账实不符的现象是常见的，但其形成的原因可能是多方面的，有的是由于工作上的差错，有的是由于生产技术上或经营管理上的问题，有的是来自自然界的影响，有的是由违法分子作案引起的等。对于出现账实不符的问题，会计人员要及时查明原因，提出处理意见。有些问题，如一些合理的物资损耗等，会计人员可以直接处理，只要在规定的损耗标准和范围内，会计人员可以按规定进行账务处理。而对超出会计人员职权范围内的问题，如因管理不善发生大量盘盈、盘亏等，会计人员无法对这些问题直接做出处理，应当立即向单位负责人报告，要求查明原因，做出妥善处理，以保护公共财产的安全、完整。

4. 对财务报告的监督

财务报告是会计主体外部利害关系人进行合理决策、评价管理当局受托经营责任、评估和预测未来现金流动、促进社会资源最佳配置和国家加强宏观经济调控的主要依据。因此，会计机构、会计人员必须加强对财务报告的监督，以保证财务报告信息的正确、相关、可靠和可比。对指使、强令编造、篡改财务报告行为，应当制止和纠正；制止和纠正无效的，应当及时报告会计主体外部利害关系人，并配合国家监督和社会监督，做出处理。

5. 对财务收支的监督

对财务收支的监督，是会计监督的关键内容。由于财务收支是经济活动中违法违纪问题的焦点，对财务收支的监督也是会计监督中难度较大、问题较多、矛盾较集中的环节。《会计法》第 4 章和《会计基础工作规范》第 78 条对财务收支监督问题做了具体规定。这一规定体现的基本思路如下。

第一，会计人员肩负处理各种利益关系的特殊任务，不能等同于一般工作人员，必须具备必要的法制观念和职业道德。

第二，会计人员是单位负责人管理下的管理人员，所进行的会计监督工作必须取得单位负责人的支持。

第三，对于违法收支，会计人员必须进行制止和纠正，但如果制止和纠正无效，只能向单位负责人报告，要求单位负责人处理。

第四，单位负责人应当对所做出的决定承担法律责任。

第五，对于单位负责人做出的处理决定，会计人员应予执行，但如果会计人员认为单位负责人做出的处理决定是严重违法的，则必须向上级管理部门报告，不能知情不举。

按照上述思路和《会计法》的要求，《会计基础工作规范》对财务收支监督的规定主要有以下几个方面。

（1）会计机构、会计人员对审批手续不全的财务收支，应当退回，要求补充、更正。

（2）会计机构、会计人员对违反规定不纳入单位统一会计核算的财务收支，应当制止和纠正。

（3）会计机构、会计人员对违反国家统一的财政、财务、会计制度规定的财务收支，不予办理。

（4）会计机构、会计人员对认为是违反国家统一的财政、财务、会计制度规定的财务收支，应当制止和纠正；制止和纠正无效的，应当向单位负责人提出书面意见请求处理。单位负责人应当在接到书面意见起10日内做出书面决定，并对决定承担责任。

（5）会计机构、会计人员对违反国家统一的财政、财务、会计制度规定的财务收支，不予制止和纠正，又不向单位负责人提出书面意见的，也应当承担责任。

（6）会计机构、会计人员对严重违反国家利益和社会公众利益的财务收支，应当向主管单位或者财政、审计、税务机关报告。

综上所述，会计机构、会计人员对单位的财务收支实行监督，应当注意抓好以下几点：对审批手续不全的财务收支，应当退回，要求补充、更正；对违反合法规定的财务收支，应当制止和纠正；对制止和纠正无效的，应该向单位负责人提出书面意见请求处理；单位负责人应当在接到书面意见起10日内做出书面决定，并对决定承担责任；对严重违反国家利益和社会公众利益的财务收支，应当向会计主体利害关系人报告。

6. 配合搞好国家监督和社会监督

根据我国的国情，国家政府部门和社会中介组织对单位会计工作的监督，是整顿会计工作秩序、提高会计工作质量的重要手段。因此，各单位必须依法接受财政、审计、金融、税务、工商行政管理机关的监督，如实提供会计凭证、会计账簿、财务报表和其他相关会计资料及有关情况，不得拒绝、隐匿、谎报；按照规定应当委托注册会计师进行审计的单位，应当委托注册会计师进行审计，并配合注册会计师的工作，如实提供会计凭证、会计账簿、财务报表和其他会计资料以及有关情况，不得拒绝、隐匿、谎报，不得示意注册会计师出具不当的审计报告。

7. 成本管理会计监督

成本管理会计监督是会计主体内部按照自己的管理标准，对其经济活动过程进行的监督。成本管理会计监督包括事前预测、事中控制和事后评价 3 个部分。即经授权的会计机构、会计人员，在制定预算和计划前应广泛收集各方面相关的信息，并运用科学的预测手段，制定备选方案，供管理当局选择；在预算和计划实施的过程中，会计机构、会计人员应通过连续不断的信息反馈，及时发现执行中与原定目标（或标准）的偏差，立即向管理当局反映，并提出建议；在预算和计划完成后，会计机构、会计人员应根据各种核算资料，分析预算和计划的执行情况，进行评价和总结，发现存在的问题，确定相应的经济责任，并向管理当局提出改进意见。

第 **11** 章
法律制约：会计违法行为的法律责任

11.1 法律责任概述

11.1.1 法律责任的含义

法律责任是指因违反了法定义务或契约义务，或不当行使法律权利、权力所产生的，由行为人承担的不利后果。就其性质而言，法律关系可以分为法律上的功利关系和法律上的道义关系，与此相适应，法律责任方式也可以分为补偿性方式和制裁性方式。

法律责任的特点在于：

（1）法律责任首先表示一种因违反法律上的义务（包括违约等）关系而形成的责任关系，它是以法律义务的存在为前提的；

（2）法律责任还表示为一种责任方式，即承担不利后果；

（3）法律责任具有内在逻辑性，即存在前因与后果的逻辑关系；

（4）法律责任的追究是由国家强制力实施或者潜在保证的。

11.1.2 法律责任的分类

根据违法行为所违反的法律的性质，可以把法律责任分为民事责任、刑事责任、行政责任与违宪责任。

（1）民事责任是指由于违反民事法律、违约或者由于民法规定所应承担的一种法律责任。

（2）刑事责任是指行为人因其犯罪行为所必须承受的，由司法机关代表国家所确定的否定性法律后果。

（3）行政责任是指因违反行政法规定或因行政法规定而应承担的法律责任。

（4）违宪责任是指由于有关国家机关制定的某种法律和法规、规章，或有关国家机关、社会组织或公民从事了与宪法规定相抵触的活动而产生的法律责任。

11.1.3　法律责任的构成要件

法律责任的构成要件是指构成法律责任必须具备的各种条件或必须符合的标准，它是国家机关要求行为人承担法律责任时进行分析、判断的标准。根据违法行为的一般特点，法律责任的构成要件概括为主体、过错、违法行为、损害事实和因果关系 5 个方面。

（1）主体。主体即法律责任主体，是指违法主体或者承担法律责任的主体。责任主体不完全等同于违法主体。

（2）过错。过错即承担法律责任的主观故意或者过失。

（3）违法行为。违法行为是指违反法律所规定的义务、超越权利的界限行使权利以及侵权行为的总称，一般认为违法行为包括犯罪行为和一般违法行为。

（4）损害事实。损害事实即受到的损失和伤害的事实，包括对人身、对财产、对精神（或 3 个方面兼有）的损失和伤害。

（5）因果关系。因果关系即行为与损害之间的因果关系，它是存在于自然界和人类社会中的各种因果关系的特殊形式。

11.2　常见会计违法行为的法律责任

11.2.1　不依法进行会计管理、核算和监督的法律责任

《会计法》第 42 条规定，违反《会计法》的规定，有下列行为之一的，由县级以上人民政府财政部门责令限期改正，可以对单位并处三千元以上五万元以下的罚款；对其直接负责的主管人员和其他直接责任人员，可以处二千元

以上二万元以下的罚款；属于国家工作人员的，还应当由其所在单位或者有关单位依法给予行政处分。

（1）不依法设置会计账簿的。即，一是依法应当设置会计账簿而不设置会计账簿的；二是虽然设置了会计账簿，但未按规定的要求设置会计账簿的。

（2）私设会计账簿的。即不按国家规定的要求私设会计账簿的行为，多为在依法设置的会计账簿之外，另设会计账簿进行核算的行为。

（3）未按照规定填制、取得原始凭证或者填制、取得的原始凭证不符合规定的。原始凭证是反映各单位经济业务最基本的证据，填制、取得原始凭证或者填制、取得的原始凭证都必须符合国家规定。如原始凭证的内容必须具备凭证的名称，填制凭证的日期，填制凭证单位名称或者填制人姓名，经办人员的签名或者盖章，接受凭证单位名称，经济业务内容，数量、单价和金额。从外单位取得的原始凭证，必须盖有填制单位的公章；从个人取得的原始凭证，必须有填制人员的签名或者盖章。自制原始凭证必须有经办单位负责人或者其指定的人员签名或者盖章。对外开出的原始凭证，必须加盖本单位公章。凡填有大写和小写金额的原始凭证，大写与小写金额必须相符。购买实物的原始凭证，必须有验收证明。支付款项的原始凭证，必须有收款单位和收款人的收款证明。原始凭证不得涂改、挖补。发现原始凭证有错误的，应当由开出单位重开或者更正，更正处应当加盖开出单位的公章。

（4）以未经审核的会计凭证为依据登记会计账簿或者登记会计账簿不符合规定的。各单位必须对原始凭证进行审核，确认其符合规定，才能作为依据登记会计账簿。对不真实、不合法的原始凭证，不予受理。对弄虚作假、严重违法的原始凭证，在不予受理的同时，应当予以扣留，并及时向单位负责人报告，请求查明原因，追究当事人的责任。对记载不准确、不完整的原始凭证，予以退回，要求经办人员更正、补充。登记会计账簿也必须按照规定进行。

（5）随意变更会计处理方法的。会计处理方法是指在进行会计核算时所采用的具体核算方法，如会计确认方法、会计计量方法、会计记录方法和会计报告方法等。各单位采用的会计处理方法，前后各期应当一致，不得随意变更，确有必要变更的，应当按照国家统一的会计制度的规定变更，并将变更的原因、情况及影响在财务会计报告中说明。

（6）向不同的会计资料使用者提供的财务会计报告编制依据不一致的。财务会计报告是全面地反映单位在一定时期内经济活动情况及其成果的报告文件，应当根据经过审核的会计账簿记录和有关资料编制，并符合《会计法》和国家统一的会计制度关于财务会计报告的编制要求、提供对象和提供期限的规定；其他法律、行政法规另有规定的，从其规定。财务会计报告由会计报表、会计报表附注和财务情况说明书组成。向不同的会计资料使用者提供的财务会计报告，其编制依据应当一致。

（7）未按照规定使用会计记录文字或者记账本位币的。会计记录的文字应当使用中文。在民族自治地方，会计记录可以同时使用当地通用的一种民族文字。在中华人民共和国境内的外商投资企业、外国企业和其他外国组织的会计记录可以同时使用一种外国文字。

（8）未按照规定保管会计资料，致使会计资料毁损、灭失的。各单位对会计凭证、会计账簿、财务会计报告和其他会计资料，应当建立档案，妥善保管。会计档案的保管期限和销毁办法，应按国务院财政部门会同有关部门制定的规定执行。当年会计档案，在会计年度终了后，可暂由本单位财务会计部门保管一年。期满之后，原则上应由财务会计部门编造清册移交本单位的档案部门保管。财务会计部门和经办人必须按期将应当归档的会计档案，全部移交档案部门，不得自行封包保存。档案部门必须按期点收，不得推诿拒绝。各单位保存的会计档案应积极为本单位提供利用，向外单位提供利用时，档案原件原则上不得借出，如有特殊需要，须报经上级主管单位批准，但不得拆散原卷册，并应限期归还。撤销、合并单位和建设单位完工后的会计档案，应随同单位的全部档案一并移交给指定的单位，并按规定办理交接手续。

各种会计档案的保管期限，根据其特点，分为永久、定期两类。各类会计档案的保管期限分别如表 11-1 和表 11-2 所示。

表 11-1　企业和其他组织会计档案保管期限

序号	档案名称	保管期限	备注
一	会计凭证		
1	原始凭证	30 年	
2	记账凭证	30 年	
二	会计账簿		
3	总账	30 年	
4	明细账	30 年	
5	日记账	30 年	

续表

序号	档案名称	保管期限	备注
6	固定资产卡片		固定资产报废清理后保管5年
7	其他辅助性账簿	30年	
三	财务会计报告		
8	月度、季度、半年度财务会计报告	10年	
9	年度财务会计报告	永久	
四	其他会计资料		
10	银行存款余额调节表	10年	
11	银行对账单	10年	
12	纳税申报表	10年	
13	会计档案移交清册	30年	
14	会计档案保管清册	永久	
15	会计档案销毁清册	永久	
16	会计档案鉴定意见书	永久	

表 11-2 财政总预算、行政单位、事业单位和税收会计档案保管期限

序号	档案名称	保管期限			备注
		财政总预算	行政单位事业单位	税收会计	
一	会计凭证				
1	国家金库编送的各种报表及缴库退库凭证	10年		10年	
2	各收入机关编送的报表	10年			
3	行政单位和事业单位的各种会计凭证		30年		包括原始凭证、记账凭证和传票汇总表
4	财政总预算拨款凭证和其他会计凭证	30年			包括拨款凭证和其他会计凭证
二	会计账簿				
5	日记账		30年	30年	

续表

序号	档案名称	保管期限			备注
		财政总预算	行政单位事业单位	税收会计	
6	总账	30 年	30 年	30 年	
7	税收日记账（总账）			30 年	
8	明细分类、分户账或登记簿	30 年	30 年	30 年	
9	行政单位和事业单位固定资产卡片				固定资产报废清理后保管5 年
三	财务会计报告				
10	政府综合财务报告	永久			下级财政、本级部门和单位报送的保管 2 年
11	部门财务报告		永久		所属单位报送的保管 2 年
12	财政总决算	永久			下级财政、本级部门和单位报送的保管 2 年
13	部门决算		永久		所属单位报送的保管 2 年
14	税收年报（决算）			永久	
15	国家金库年报（决算）	10 年			
16	基本建设拨、贷款年报（决算）	10 年			
17	行政单位和事业单位会计月、季度报表		10 年		所属单位报送的保管 2 年
18	税收会计报表			10 年	所属税务机关报送的保管2 年
四	其他会计资料				
19	银行存款余额调节表	10 年	10 年		
20	银行对账单	10 年	10 年	10 年	
21	会计档案移交清册	30 年	30 年	30 年	
22	会计档案保管清册	永久	永久	永久	
23	会计档案销毁清册	永久	永久	永久	
24	会计档案鉴定意见书	永久	永久	永久	

注：税务机关的税务经费会计档案保管期限，按行政单位会计档案保管期限规定办理。

会计档案保管期满需要销毁时，由本单位档案部门提出销毁意见，会同财务会计部门鉴定，严格审查，编造会计档案销毁清册。对于其中未了结的债权债务的原始凭证，应单独抽出，另行立卷，由档案部门保管到结清债权债务时为止。建设单位在建设期间的会计档案，不得销毁。各单位按规定销毁会计档案时，应由档案部门和财务会计部门共同派员监销。各级主管部门销毁会计档案时，还应有同级财政部门、审计部门派员参加监销。

（9）未按照规定建立并实施单位内部会计监督制度、拒绝依法实施的监督或者不如实提供有关会计资料及有关情况的。各单位必须按照规定建立并实施单位内部会计监督制度，必须依照有关法律、行政法规的规定，接受有关监督检查部门依法实施的监督检查，如实提供会计凭证、会计账簿、财务会计报告和其他会计资料以及有关情况，不得拒绝、隐匿、谎报。

（10）任用会计人员不符合《会计法》规定的。《会计法》规定，会计人员应当具备从事会计工作所需要的专业能力。担任单位会计机构负责人（会计主管人员）的，应当具备会计师以上专业技术职务资格或者从事会计工作三年以上经历。

有前款所列行为之一，构成犯罪的，依法追究刑事责任。

会计人员有第一款所列行为之一，情节严重的，五年内不得从事会计工作。

有关法律对第一款所列行为的处罚另有规定的，依照有关法律的规定办理。

11.2.2　伪造、变造、编制虚假会计资料的法律责任

各单位都必须保证会计资料的真实、完整。伪造、变造会计凭证、会计账簿和其他会计资料、提供虚假财务会计报告的行为，都是违法行为。会计机构和会计人员不得伪造、变造会计凭证、会计账簿和其他会计资料，提供虚假财务会计报告。

根据《会计法》第43条的规定，伪造、变造会计凭证、会计账簿，编制虚假财务会计报告，构成犯罪的，依法追究刑事责任。

有前款行为，尚不构成犯罪的，由县级以上人民政府财政部门予以通报，可以对单位并处五千元以上十万元以下的罚款；对其直接负责的主管人员和其他直接责任人员，可以处三千元以上五万元以下的罚款；属于国家工作人员

的，还应当由其所在单位或者有关单位依法予以撤职直至开除的行政处分；对其中的会计人员，予以五年内不得从事会计工作的处罚。

11.2.3　隐匿或者故意销毁依法应当保存的会计资料的法律责任

《会计法》第 44 条规定，隐匿或者故意销毁依法应当保存的会计凭证、会计账簿、财务会计报告，构成犯罪的，依法追究刑事责任。

有前款行为，尚不构成犯罪的，由县级以上人民政府财政部门予以通报，可以对单位并处五千元以上十万元以下的罚款；对其直接负责的主管人员和其他直接责任人员，可以处三千元以上五万元以下的罚款；属于国家工作人员的，还应当由其所在单位或者有关单位依法予以撤职直至开除的行政处分；对其中的会计人员，予以五年内不得从事会计工作的处罚。

《中华人民共和国刑法》第 162 条规定，隐匿或者故意销毁依法应当保存的会计凭证、会计账簿、财务会计报告，情节严重的，处五年以下有期徒刑或者拘役，并处或者单处二万元以上二十万元以下罚金。

单位犯前款罪的，对单位判处罚金，并对其直接负责的主管人员和其他直接责任人员，依照前款的规定处罚。

11.2.4　授意、指使、强令会计机构、会计人员及其他人员伪造、变造、编制、隐匿、故意销毁会计资料的法律责任

《会计法》第 5 条规定，任何单位或者个人不得以任何方式授意、指使、强令会计机构、会计人员伪造、变造会计凭证、会计账簿和其他会计资料，提供虚假财务会计报告。

任何单位或者个人不得对依法履行职责、抵制违反《会计法》规定行为的会计人员实行打击报复。

《会计法》第 45 条规定，授意、指使、强令会计机构、会计人员及其他人员伪造、变造会计凭证、会计账簿，编制虚假财务会计报告或者隐匿、故意销毁依法应当保存的会计凭证、会计账簿、财务会计报告，构成犯罪的，依法追究刑事责任；尚不构成犯罪的，可以处五千元以上五万元以下的罚款；属于国家工作人员的，还应当由其所在单位或者有关单位依法予以降级、撤职、开除的行政处分。

11.2.5　单位负责人对会计人员进行打击报复的法律责任

会计人员应当依法履行职责，坚决抵制违反会计法的行为，任何单位或者个人都不得对会计人员进行打击报复，这是《会计法》对会计人员依法行使职权进行保护的一项重要保护性条款。根据这一条款，任何单位或者个人如果对会计人员由于严格依法办事实行打击报复，都属违法行为。

《会计法》第46条规定，单位负责人对依法履行职责、抵制违反《会计法》规定行为的会计人员以降级、撤职、调离工作岗位、解聘或者开除等方式实行打击报复，构成犯罪的，依法追究刑事责任；尚不构成犯罪的，由其所在单位或者有关单位依法予以行政处分。对受打击报复的会计人员，应当恢复其名誉和原有职务、级别。

《中华人民共和国刑法》第255条规定，公司、企业、事业单位、机关、团体的领导人，对依法履行职责、抵制违反会计法、统计法行为的会计、统计人员实行打击报复，情节恶劣的，处三年以下有期徒刑或者拘役。

11.2.6　其他违反会计法的法律责任

其他违反会计法的法律责任主要指财政部门及有关行政部门的工作人员在实施监督管理中滥用职权、玩忽职守、徇私舞弊或者泄露国家秘密、商业秘密，构成犯罪的，依法追究刑事责任。

《会计法》第30条规定，任何单位和个人对违反《会计法》和国家统一的会计制度规定的行为，有权检举。收到检举的部门有权处理的，应当依法按照职责分工及时处理；无权处理的，应当及时移送有权处理的部门处理。收到检举的部门、负责处理的部门应当为检举人保密，不得将检举人姓名和检举材料转给被检举单位和被检举人个人。

违反《会计法》的规定，同时违反其他法律规定的，由有关部门在各自职权范围内依法进行处罚。